Descubre El Proceso Que Te Hará Brillar

Escrito Por

Edna L Isaac

CONTENIDO

DERECHOS DE AUTOR	IV
DEDICATORIA	V
PRÓLOGO	VII
INTRODUCIÓN	1
CAPITULO 1	5
CAPITULO 2	13
CAPITULO 3	21
CAPITULO 4	31
CAPITULO 5	41
CAPITULO 6	45
CAPITULO 7	55
CAPITULO 8	63
CAPITULO 9	71
CONCLUSION	79
ACERCA DEL AUTOR	85
REFERENCIAS	88

ISBN: 978-1-938432-40-8

Copyright © 2025 Refinados Como El Oro

Escrito por Edna L Isaac

Todos los derechos están reservados.

Ninguna parte de este libro puede ser reproducida en ninguna forma sin el permiso por escrito del editor o del autor, excepto lo permitido por la ley de derechos de autor de los Estados Unidos.

Portada y contraportada diseñada por JDN Publications, imagen en la pportada, sacada de canva:

isaacednaliz (Creator). (2025, April). *gold only theliquid* [AI-generated image]. Canva, Magic Media.

Descargo de responsabilidad

JDN Publications/EDUCATE Publishing es una plataforma de auto publicación que ofrece a los autores la oportunidad de publicar sus obras sin necesidad de pasar por un proceso de selección editorial. Los autores son responsables del contenido de sus obras, y en particular, JDN/EDUCATE no necesariamente está de acuerdo con el contenido de este libro. No nos hacemos responsables de errores de este, y no asumimos ninguna responsabilidad por las consecuencias de su lectura. Los lectores deben ser conscientes de que el contenido de este libro es responsabilidad exclusiva del autor.

Impreso en los Estados Unidos de América

DEDICATORIA

CON PROFUNDA GRATITUD

Dedico este libro al Padre, Hijo y Espíritu Santo, fuente de toda inspiración y fortaleza. Y a ti, mi amada madre, Edith Olga Román, mi "Mami", cuyo amor incondicional ha sido el faro que guió mi vida y la de mis hermanos mientras íbamos creciendo.

Gracias, Mami, por ser el ejemplo viviente de una mujer trabajadora, luchadora, amable y humilde. Tu grandeza reside en el anonimato, en el servicio desinteresado y la entrega total a los demás. Has sacrificado tanto, sin esperar nada a cambio, demostrando una generosidad que inspira a todos los que te conocemos.

Jamás olvidaré tus incansables esfuerzos, esas largas caminatas bajo el sol para asegurar el sustento de nuestra familia. Gracias, mil gracias, por cada paso, por cada sacrificio. Agradezco el sólido fundamento de moral y respeto que has inculcado en nosotros, valores que perduran y que esperamos transmitir a las futuras generaciones.

Tu legado más preciado, el conocimiento de Jesucristo, nuestro Rey y Salvador, es el tesoro más grande que me has dado. Si pudiera elegir de nuevo, te elegiría una y mil veces como mi madre.

Te amo, Mami, con todo mi ser. ¡Te deseo lo mejor que la vida pueda ofrecer!

PRÓLOGO

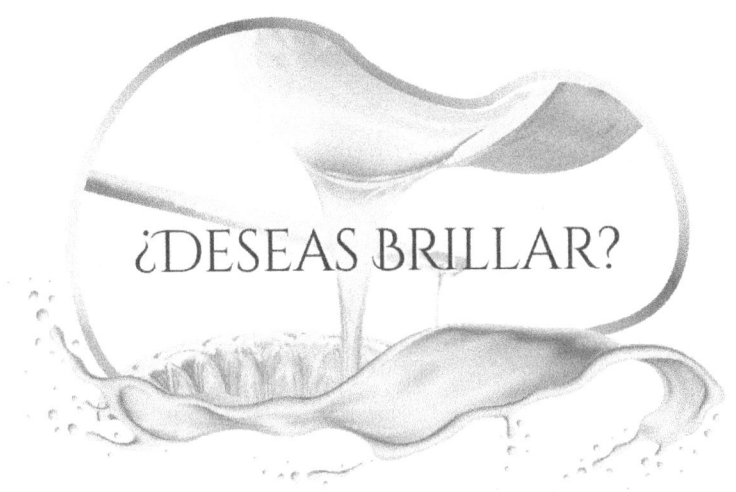

¿DESEAS BRILLAR?

¿Qué nos pasa? ¿Qué nos sucede? En un mundo donde la competencia por la atención es feroz, brillar es bueno, pero hacerlo de la manera correcta es esencial, en especial si queremos impactar a hijos, familias y futuras generaciones dejando un legado digno de admirar. A pesar de que vivimos en un tiempo donde el odio, el egoísmo y la falta de respeto es la orden del día, creo que aún hay esperanza. Podemos brillar con los motivos correctos. Sin embargo, necesitamos urgentemente líderes que emerjan de las sombras y que no se conformen al status quo. Estoy segura de que juntos, podemos influir en la nueva generación para que brillen auténticamente. De hecho, Dios siempre intencionó que las generaciones brillaran según su diseño eterno. Todos anhelamos brillar como el oro, triunfar y ser ejemplo y este es un buen deseo pero lamentablemente para muchos, se queda en eso, un simple "deseo".

Nadie nace para fracasar. Desde niños, soñamos con un futuro grandioso y esos sueños son los que nos impulsan, y nos definen. Esto lo puedo decir desde mi propia experiencia, ya que, desde muy pequeña, éramos de un hogar muy humilde, pero yo soñaba despierta con un mundo perfecto donde no habían limites, ni existían las fronteras o los imposibles. Esa actitud positiva me ha llevado a buscar siempre la mejor versión de mí misma. No busco riquezas, sino dejar un legado de impacto que transcienda. Todos queremos brillar, pero cuando el camino se torna difícil, es ahí donde muchos nos rendimos.

En lugar de enfocarnos en lo imposible, fijemos la mirada en la meta, siguiendo el ejemplo de persistencia de Jesús. Si Él venció, nosotros también podemos vencer. Lamentablemente, muchos de nosotros hemos sido indisciplinados, conformándonos con la mediocridad, resistiéndonos a salir de nuestra zona de comodidad. Es más fácil vivir según los deseos de la carne que someternos a la transformación que Dios desea, y que exige disciplina, e humildad. Queremos resultados instantáneos pero sin esfuerzos. Como quién desea adelgazar sin cambiar sus hábitos. Pero sabemos bien que la transformación real requiere tiempo y dedicación.

Sin embargo, somos selectivos con la Palabra de Dios, aplicándola a nuestra conveniencia. Ignoramos pasajes que nos confrontan, como 1 Corintios 3:16-17, que nos recuerda que nuestro cuerpo es templo del Espíritu Santo. Queremos todo fácil y rápido, recetas de "hazte rico rápido", sin esfuerzo ni compromiso. Pero Proverbios 13:4 nos recuerda que el perezoso solo desea, mientras que el diligente se satisface. Dios nos creó con potencial, pero la transformación depende de nosotros. Como el oro, debemos ser refinados para brillar en nuestra máxima pureza, reflejando así la gloria de Dios. El refinamiento del oro es un proceso largo y arduo y cuanto más puro se desea que sea el oro, más intenso es el tratamiento. Así es nuestra transformación: un proceso muy intenso pero que vale la pena.

Este proceso nos invita a reflexionar: ¿en qué etapa estamos? Eso en realidad no es lo que debe importarnos, lo crucial es no rendirse porque Dios está con nosotros.

Consequentemente, a través de este proceso, podemos encontrar la respuesta a la pregunta: ¿Por qué no puedo brillar si lo anhelo tanto?

INTRODUCIÓN

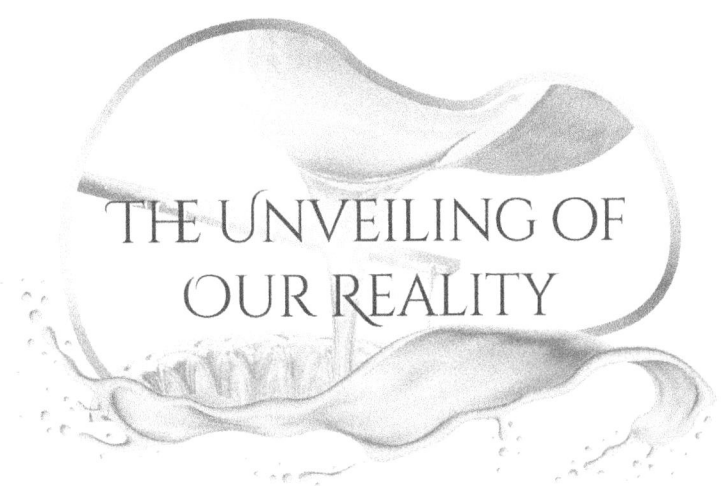

¡Qué tiempos nos han tocado vivir! La realidad supera la ficción, y nuestros ojos son testigos de un caos sin precedentes. La era moderna se desmorona bajo el peso del individualismo, donde el "yo" eclipsa al "nosotros". La cortesía se diluye en un torbellino de sarcasmos y apodos hirientes, mientras el liderazgo mundial navega sin brújula.

Un suspiro de honestidad... confieso que la negatividad no es mi aliada. Sin embargo, este escrito exige una mirada franca, aunque por un instante suene pesimista. Pero que nadie se equivoque, creo que aún hay esperanza y reside en aquellos corazones que anhelan brillar y ser luz, faros de rectitud en un mar de incertidumbre, dispuestos a abrazar el sacrificio y la injusticia como escalones hacia un ideal superior que nos lleve brillar, pero de la forma correcta.

Hemos visto cómo una generación se desvanece en el olvido, desconectada de sus raíces, incapaz de honrar el legado de sus antepasados. Es muy lamentable ver que hemos perdido casi una generación donde la gran parte de la juventud no poseen la capacidad de conectarse con la generación que les antecedieron.

El Desplome de la Decencia

La admiración por aquellos que forjaron nuestro camino se desvanece, y la ética se convierte en una reliquia del pasado, incluso entre los más erudítos. La manipulación de la verdad se erige como arma, y la difamación se disfraza de justicia, todo en nombre de agendas personales y ansias de poder. Pero en realidad no es de sorprendernos ya que la palabra De Dios nos lo advirtió desde mucho tiempo atrás cuando dijo:

> "Pero debes saber esto: que en los últimos días vendrán tiempos difíciles. Porque los hombres serán amadores de sí mismos, avaros, jactanciosos, soberbios, blasfemos, desobedientes a los padres, ingratos, irreverentes, sin amor, implacables, calumniadores, desenfrenados, salvajes, aborrecedores de lo bueno, traidores,

impetuosos, envanecidos, amadores de los placeres en vez de amadores de Dios..." 2 Timoteo 3:1-5

El ocaso de la decencia nos sumerge en un abismo donde la obscenidad se vende como medicina para el alma. ¿Cómo hemos permitido que la moral y la ética se desvanezcan en el horizonte? La Palabra divina se cumple, y la oscuridad se disfraza de luz, mientras la luz es condenada a la oscuridad. No nos sorprenda que la "élite ilustrada" abrace lo abominable, pues el príncipe de este mundo se deleita en cegar a quienes rechazan la Verdad.

Pero en medio de la tormenta, la responsabilidad nos llama a tomar decisiones trascendentales, a mantener la mirada fija en lo eterno. Fuimos creados a imagen y semejanza divina, destinados a irradiar la gloria de Dios en esta tierra. Aún hay tiempo para recuperar el terreno perdido, para encender la chispa que reside en nuestro interior. Solo se requiere un deseo ardiente, un compromiso inquebrantable. Acompáñame en este viaje, donde juntos descubriremos cómo el fuego purificador del refinamiento nos transformará en oro brillante, capaces de iluminar nuestras vidas, nuestras familias y nuestra sociedad.

A lo largo de este libro, nos adentraremos en el fascinante proceso de ser refinados como el oro, trazando un paralelismo entre la alquimia del metal precioso y la transformación espiritual que nos aguarda. Cada capítulo será un paso hacia la optimización de nuestro ser, una oportunidad para brillar con la luz que Dios depositó en nosotros.

CAPITULO 1

BRILLANDO DE LA MANERA CORRECTA

A pesar de que vemos la decadencia a nuestro alrededor, es importante entender y cómo les decía anteriormente, que no todo está perdido, todavía hay esperanza y todavía podemos brillar con los motivos correctos. Hay una gran necesidad y el deseo de ver nuevos lideres que emerjan y no se conformen con ser parte del montón o del estatus quo. Estoy segura de que juntos podremos influenciar a nuestra nueva generación para que aprendan a brillar por ellos mismos, pero de la manera correcta. De hecho, siempre fue la intención de Dios que las nuevas generaciones se criaran aprendiendo a brillar como Dios lo diseñó desde un principio de acuerdos a las Escrituras. De generación a generación Dios les ordenaba a repetir sus Palabras y que la enseñanza de sus preceptos y estatutos continuara a nuestros decendientes. De modo que no es una opción, es un mandato que deleguemos en las nuevas generaciones la responsabilidad de hacerlo bien.

> Y estas palabras que yo te mando hoy, estarán sobre tu corazón; y diligentemente las enseñarás a tus hijos, y hablarás de ellas cuando te sientes en tu casa y cuando andes por el camino, cuando te acuestes y cuando te levantes. Y las atarás como una señal a tu mano, y serán por insignias entre tus ojos...
> Deutéronomio 6:7

Si observamos el oro, uno de los metales más apreciado y valioso desde los tiempos antiguos, veremos que es duradero y que no se daña jamás. Pueden pasar siglos y permanece sin corrosión. Es persistente, brilloso y de valor, así debemos ser y brillar para Cristo y para los que están a nuestro alrededor. Por lo tanto, de la misma manera que el oro debe de ser refinado hasta llegar a su brillo más preciado, así también todos los seres humanos debemos pasar por un proceso de transformación que nos lleve a brillar a nuestro máximo potencial, siendo nosotros solo el reflejo de la gloria de nuestro Creador. Porque en realidad el brillo quien lo produce es Dios en nosotros. El brilla a través de nosotros para alumbrar a este mundo que comenzó bien pero que hoy va rumbo al precipicio.

De hecho, en este mundo en el que vivimos hoy, donde cada cual compite por sus propios ideales, y el más que brilla públicamente—aunque no sea necesariamente el mejor—parece llevarse toda la atención. Sin embargo, es sumamente importante entender que a pesar de que es muy bueno brillar, más importante aún es hacerlo de la forma más adecuadamente posible. Especialmente si deseamos impactar a nuestros hijos, a nuestras familias, los que nos rodean, y más importante, futuras generaciones, pues ellos aprenderán lo que nosotros le pasamos a ellos.

Indisputablemente, si hiciéramos una encuesta y le preguntáramos a cientos de personas si desean brillar o sobresalir en la vida, la mayoría, sino más bien todas, nos dirían que sí. En realidad, creo que todos deseamos brillar como el oro. Pienso que todos deseamos triunfar en todas las áreas de nuestras vidas. Si así no fuera, entonces no tendríamos nosotros los deseos de tener éxito, ser admirados y ser un ejemplo para los que vienen después de nosotros. Sinceramente, el deseo de brillar es muy bueno y todos deberíamos de poseerlo en nuestras vidas, sin embargo, para muchos individuos esos deseos, no pasaran de ser solo eso, "deseos".

Soñando Despiertos

Estoy segura de que nadie nace para ser un fracasado, o un perdedor. Nadie tiene la intención de planear su fracaso y sus derrotas sin importarle el resultado de su vida. Por lo contrario, desde pequeños venimos soñando acerca de nuestro maravilloso futuro, a veces se convierte en algo tan fuerte en nosotros que muchas personas nos llaman los "soñadores". No sé de usted, pero yo desde pequeña disfrutaba soñar despierta. A pesar de que me crié en un hogar humilde, me encantaba imaginarme un mundo perfecto, donde yo jugaba un papel muy importante, donde tenía todo en abundancia y no me faltaba nada, solo para luego despertar a la realidad y encontrarme en el mismo lugar. Pero por unos momentos, ¡Guao! Cómo lo disfrutaba, y si me dejaban, estaba todo el día soñando despierta.

Por esta razón creo que desarrollé una actitud positiva ante cualquier circunstancia de la vida, siempre esperando que las cosas iban a ser diferente y que mis sueños se harían realidad. Por lo tanto, aun en mis años de adulta siempre busco la manera de seguir aprendiendo, superándome, siempre busco la mejor manera de continuar desarrollando la mejor versión de mi vida. No busco riquezas ni cosas materiales, no busco reconocimientos de hombres, solo deseo brillar cada día más reflejando el brillo de mi Señor Jesucristo y al final dejar un legado del cual mi familia se sienta orgullosa.

En fín, creo que todos debemos brillar y tener un futuro mejor donde nuestros hijos nos recuerden y puedan continuar con nuestro legado y ejemplo. Para muchos este sueño se convierte en una pesadilla y casi imposible de cumplir. Lo vemos como algo muy difícil el tratar de llegar a este nivel y por esta razón, muchos nos rendimos en el camino sin alcanzar la meta trazada. Firmemente creo que, en lugar de enfocarnos en lo difícil e imposible, deberíamos siempre enfocarnos en la meta, sabiendo que en Jesús tenemos el mejor ejemplo de persistencia y resistencia que podemos observar en toda la historia de la humanidad. Si Jesús venció nosotros también lo podemos lograr.

¿Pero como lograr brillar correctamente?

Mientras estudiaba y buscaba información acerca del proceso del refinamiento del oro, me deleitaba en toda la información que podía obtener acerca de este valioso mineral que produce nuestro planeta tierra.

Es interesante saber que mientras más puro deseamos que sea el oro, más largo es el procedimiento de transformación. Indiscutiblemente su proceso durará mucho más tiempo, su persistencia a las largas horas o días de tratamientos bajo el fuego, los químicos, el crisol, y el horno hará que su pureza sea mucho más codiciable. Mientras más expuesto está a los maltratos inimaginables de las grandes maquinarias o herramientas utilizadas, mejor luce el producto terminado. Al final vemos que todo valió la pena, si es que se desea obtener el oro más puro o refinado que se pudiera conseguir en el mercado.

Fue muy inspirador todo lo que aprendí, y lo que les compartiré. Pero, sobre todo, como podemos traer ese proceso de transformación a nuestras vidas y aplicarlo de manera relevante especialmente en este tiempo que nos ha tocado vivir. Para esto he utilizado algunos términos que se usan en las refinerías más comunes e industriales en el refinamiento del oro. Es un estudio hermoso que te inspirará a no quedarte en el primer paso sino a moverte hacia la meta trazada de poder brillar como Dios desea que brillemos, a nuestro máximo potencial.

¿En Que Etapa Nos Encontramos?

Acompáñenos y veremos en que etapa nos encontramos cada uno; si ya hemos sido refinados; estamos concluyendo; o apenas estamos comenzando ese proceso de transformación. No importa en el nivel en que te encuentres lo más importante es que no te des por vencido. Resiste hasta lograrlo, Dios está de tu lado, él nunca te dejará. Antes de la fundación del mundo ya él te había escogido, te concibió en su mente y corazón para entonces utilizar a tus parientes como el vehículo para traerte a este mundo, pero ya los resultados finales estaban escritos desde el principio.

Dios tiene un gran final para tu proceso de transformación. No te detengas, aunque veas que muchas veces el proceso de tu transformación duele, molesta, hiere, o refresca. Lo importante es que mantengas la fe, desarrolles tu oído para escuchar la voz de Dios, y sobre todo que te dejes refinar como el oro, para que entonces puedas brillar y lucir la hermosura de su presencia en tu vida.

Continúa leyendo y juntos podemos encontrar la respuesta a la incógnita pregunta que muchos nos hacemos en algún momento de nuestras vidas, ¿Porque no puedo brillar si lo deseo tanto y es mi anhelo ser y dar lo mejor de mí?

CAPITULO 2

EXPLORACIÓN: CUANDO TODO COMIENZA

Cuando estudiaba la Palabra de Dios por primera vez en el Instituto Bíblico, recuerdo lo fascinada que quedé cuando leí acerca de cómo fue construido el candelabro de oro, el cual alumbraba en el lugar de reunión más importante para Israel. El candelabro era de oro puro, una pieza muy clave en el Tabernáculo, y estaba colocada en el Lugar Santo junto a otros accesorios también de suma importancia. Este tabernáculo era el lugar más sagrado de reunión donde Dios descendía para comunicarse con su pueblo, pero donde sólo los sacerdotes tenían acceso hasta el lugar Santo y el Sumo Sacerdote podía entrar una sola vez al año al lugar santísimo. De hecho, Dios le dio instrucciones específicas en cuanto a todo el diseño del tabernáculo. Desde las medidas, los materiales, telas, vestimentas de los sacerdotes, adornos y accesorios, en fin, todos los detalles hasta de lo más insignificante que pudiéramos imaginar fueron descritos por Dios. Aun los calzoncillos de los sacerdotes debían de ser del material que Dios les ordenó, de lino fino. Aquí podemos ver que Dios es un Dios de orden y cuando él nos habla, le gusta que sigamos sus instrucciones al pie de la letra. Vemos que en cuanto al candelabro Dios comienza a decirles:

> "Haz un candelabro de oro puro labrado a martillo. Su base, su tallo y sus copas, cálices y flores formarán una sola pieza."
> Éxodo 25:31

Me fascinó cuando leí que fue labrado a martillo y tipificaba al cristiano cuando viene a los pies de Cristo que, en otras palabras, a fuerza de golpes, y de las experiencias que a veces llamamos pruebas, es que nuestro carácter va siendo formado. En otras palabras, así mismo como el oro comienza a brillar, nosotros también, durante el proceso transformador es que comenzamos a brillar. Labrar a mano un pedazo de oro, me imagino que no era tarea fácil. Me imaginaba ese hombre martillando el metal precioso dándole tantos cantazos como podía mientras le iba dando esa forma tan única y especial que tienen los candelabros. Me imagino cuanto trabajo tuvo que haber pasado. Las largas horas para poder lograrlo, ya que no había maquinarias actualizadas como las de hoy, no había nada que aligerara el proceso, pero aun así la orden fue que lo labrara a mano.

¡Guao! Me imagino la satisfacción tan grande que sentía ese artista al terminar y ver su creación. Puedo imaginarme su rostro sonriente y como sus ojos brillaban de alegría cuando encendió la primera mecha de luz en el primer brazo del hermoso candelabro. De hecho, no estamos hablando de uno que usted pone sobre su mesa. Estamos hablando de un verdadero gigantesco candelabro que su peso era de 33 kilos, lo que es aproximadamente 73 libras. Nada de parecido a los que usamos regularmente. Me imagino, que ese oro se veía hermoso, brillante, resistente, fuerte y a la perfección, pero no siempre fue así.

Ciertamente, para poder llegar hasta ese nivel tuvo que haber sido expuesto a un largo proceso de transformación. Fíjese que el oro que Dios ordenó fue el mejor, y para esto debió haber sido oro refinado para ser el mejor. Recuerda que, si hablamos de oro puro, su proceso es más profundo para que este oro pueda llegar casi a la perfección. Si ahora, con tanta tecnología el proceso del refinado es tan largo y tedioso, cuanto más en ese tiempo, ya que todo era hecho a mano. Estoy segura de que si el oro hubiera podido hablar no hubiera permitido que lo sometieran a tal procedimiento.

Etapa de la Exploración

Una de las primeras etapas en las minas de oro es la exploración del terreno buscando posibles señales de oro enterrado a profundidad. La etapa de la exploración es la primera faceta en el comienzo de un proceso lento y penetrante que consiste en localizar terrenos donde exista la presencia de minerales cuya explotación no sea tan costosa.

Se tiende a hacer perforaciones profundas tomando muestras de las capas de la tierra buscando alguna señal de algún mineral preciado, en este caso, el oro. De encontrar señales de oro, se perfora hondamente para sacar diferentes muestras de profundidades y así poder determinar cuánto oro se pudiera sacar, que tipo, y otras características importantes acerca del mineral.

Sin embargo, hay algo muy importante y es que cuando vemos un terreno montañoso donde se puede descubrir que hay una mina de oro escondida a la profundidad, lo menos que parece es que en ese lugar hay un tesoro tan preciado. Ciertamente, en algunas ocasiones y en lugares desérticos, cuando comienzan las exploraciones del terreno y la búsqueda del metal preciado, solo se puede percibir tierra desértica o seca, maltratada con el pasar de los años o el clima devastador del verano caluroso. También las tormentas huracanadas del desierto tienden a ir dejando un terreno solitario, desolado e inhabitable.

Esa etapa de exploración requiere que los que están buscando el oro, crean y tengan fe que lo encontraran, aunque no lo vean a la distancia. En otras palabras, es una etapa de búsqueda a lo ciego. En muchos lugares la señal de que hay oro es una tierra o arena negra. Que paradoja, como es posible que algo tan preciado se encuentre encerrado en algo tan feo y oscuro. Dice la Palabra de Dios en 1ra de Corintios 1:27-29:

> "Sino que Dios ha escogido lo necio del mundo, para avergonzar a los sabios; y Dios ha escogido lo débil del mundo, para avergonzar a lo que es fuerte; lo vil y despreciado del mundo ha escogido Dios; lo que no es, para anular lo que es; para que nadie se jacte delante de Dios."

Si lo comparamos en nuestra vida, de esta misma forma hace Dios con nosotros los seres humanos. Muchas veces, nadie puede observar en nosotros nada bueno a primera vista. Somos menospreciados y juzgados por nuestra forma de ser, especialmente si somos un poco hiperactivos, o simplemente no damos la talla para las personas que nos miran por encima del hombro. Precisamente de aquellos que parecemos lo peor, es evidentemente de los que Dios se antoja para crear lo mejor.

"Si te menosprecian, alégrate, pues eres escogido por Dios para avergonzar a los sabios," ~ELI

Aunque muchos nos hacen creer como que estamos solos por el mundo, lleno de odios, rencores, amarguras y sin sabores que oscurecen nuestras vidas, quiero decirte que Dios está al cuidado, aunque no lo logremos ver. Especialmente lo creemos cuando la vida nos juega una mala jugada trayendo desolación y tendemos a pensar que estamos solos. En ocasiones el frio cruel del invierno y los calores sofocantes del verano de nuestra vida nos maltrata de tal manera que ya no queda vida en nuestro huerto sino desolación.

Sin embargo, detrás de esa mirada de soledad y tristeza, detrás de esa mascara que disimula y vive con una sonrisa, pero por dentro está llorando, detrás de esa depresión oscura y sin sabor, se esconde un tesoro de mucho valor que no ha sido explorado ni descubierto. Es ese oro bruto que está preparado para ser refinado. Es cuando nosotros se lo permitimos, que Dios comienza a tratar con nosotros y comienza a mostrarnos su amor y misericordia. Cuando esta hermosa etapa comienza, es ahí donde comenzamos a ser explorados por nuestro Refinador.

Es cuando a lo mejor ya sea por algún momento de soledad, necesidad, o desesperanza comenzamos a explorar nuestra fe, la cual había quedado sepultada por las arenas negras de la duda. Es cuando comenzamos a desear en nuestro corazón ser descubiertos por Dios, nuestro refinador; pero no nos atrevemos a dar el paso de fe y profundizar porque muchas veces no estamos dispuestos a rendir nuestro orgullo vano que para nada aprovecha. Titubeamos y no estamos dispuestos a aceptar la realidad de que seamos puesto a prueba. No queremos ser pasados por el fuego como decía el profeta, por el fuego de la prueba, donde se revelará las impurezas o escoria que nos impiden ver su gloria.

De hecho, cuando comenzamos este camino somos como esas tierras que no han sido exploradas a ver si en lo profundo hay oro. En nuestro caso, Dios ya conoce el potencial que el escondió en lo más profundo de nosotros, el comenzará a explorarlo para que nosotros mismos veamos que el poder de Dios se perfecciona en nuestras debilidades, pues estamos en estos vasos de barro, para que la gloria sea de Dios y no nuestra.

El Comenzará a Ordenar Tus Pasos

Al comenzar a explorar nuestro terreno, o sea nuestra vida, y nosotros se lo permitimos, el comienza a ordenar nuestros pasos. Antes de hacer de nosotros ese candelabro de oro puro, deberemos pasar por un proceso de refinamiento. Una vez el proceso está en su nivel adecuado entonces tendremos la oportunidad de convertirnos en un instrumento hermoso que alumbre, así como alumbra el candelabro, el cual lo labran a martillazo.

La mayoría de nosotros cuando venimos a los pies de Cristo, y comenzamos a estudiar o conocer de las Sagradas Escrituras, no sabemos absolutamente nada acerca de la Palabra de Dios o las ordenanzas de nuestro Señor. Algunos teníamos un carácter tan terrible que sólo a fuerza de martillazo es que pudimos ser modificado. Fíjese que Dios siempre sabía que había oro en usted, pero usted ha caminado por la vida con ese oro por dentro sin saber que se encuentra ahí oculto y Dios está tratando de explorarlo, ábrale su corazón para que Dios comience ese proceso de exploración.

Será un proceso un poco fuerte, porque tendrá que tratar con diferentes áreas en su vida, pero le aseguro que si valdrá la pena. Dios, mucho más que usted desea que usted se deje explorar para así descubrir el potencial que llevas por dentro. Ese potencial que el mismo Dios, su Creador colocó en usted, aún antes de usted nacer.

CAPITULO 3

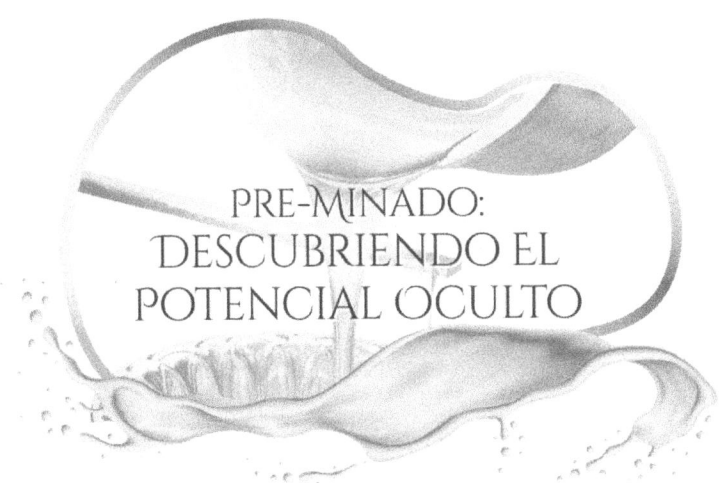

PRE-MINADO: DESCUBRIENDO EL POTENCIAL OCULTO

El proceso del Pre-minado consiste cuando se retira la capa superficial de tierra orgánica, para luego poder explotar el terreno. Aquí nos enfocaremos en el inicio del proceso, donde el "oro" (nuestro potencial) se encuentra escondido entre la "roca" (nuestras imperfecciones). Exploraremos cómo es que Dios nos descubre y ve el valor en nosotros, incluso cuando nosotros mismos no lo vemos. Trataremos temas como el descubrimiento divino, el potencial oculto, y el valor inherente. De modo que imaginemos una mina, un lugar profundo y oscuro, donde la roca y la tierra ocultan tesoros preciosos. Así es como Dios nos ve: como minas llenas de potencial oculto, donde el "oro" de nuestro propósito y dones espera ser descubierto. En este capítulo, exploraremos cómo Dios nos encuentra en nuestra "mina" personal, revelando el valor inherente que a menudo pasamos por alto.

La mina representa nuestro estado inicial, donde nuestras imperfecciones y limitaciones pueden oscurecer nuestro verdadero valor. Así como el oro se encuentra escondido entre la roca, nuestro potencial divino yace oculto bajo capas de inseguridad, miedos o experiencias pasadas. A menudo, nos vemos a nosotros mismos como "roca" sin valor, sin reconocer el "oro" que Dios ha depositado en nuestro interior.

El Oro Nunca Se Acaba

Pero hablemos un poco acerca de ese preciado y tan codiciado mineral, que por tantos siglos ha adornado palacios, hogares, templos y tiendas en el mundo entero. No soy experta en el tema, pero de lo que pude estudiar acerca del oro, de eso hablemos. ¿Te has preguntado alguna vez como se refina el oro? ¿Dónde se encuentra o como es que nunca se acaba?

Desde tiempos antiguos el oro ha formado parte esencial de nuestras vidas, pues es un mineral precioso que Dios obsequio a la humanidad cuando creó al mundo. Es parte de nuestras culturas y la industria del comercio. Por otro lado, el oro es símbolo de pureza, valor, riqueza, y durabilidad. Es el mejor de los metales o minerales que podemos disfrutar, no envejece ni se oxida, no se daña, aunque pasen miles de años. Tampoco pierde su valor y es el más preciado para las joyerías. La primera vez que se menciona este metal tan preciado en la Biblia es en libro de Génesis cuando Dios estaba hablando de los cuatro brazos de ríos que salían del Rio Éufrates, él dijo lo siguiente:

> "El primero se llamaba Pisón, y recorría toda la región de Javilá, donde había oro. El oro de esa región era fino, y también había allí resina muy buena y piedra de ónice."
> Génesis 2:11-12

Pisón era uno de los cuatro brazos de ríos que salían o procedían del Rio Éufrates. La Palabra describe este oro como un oro bueno o fino, lo que iguala a oro más limpio y de más alto valor y aunque tenía que pasar un proceso de refinamiento era más manejable. El oro no solamente ha formado parte de la cultura de todos los tiempos, pero también lo encontramos en la Biblia como un metal preciado que se utilizaba mucho no solamente por su valor sino también por su perduración. Por ejemplo, en todo lo referente al Tabernáculo, y la construcción del Templo de Salomón. El oro era el metal más usado por Dios en su casa para los utensilios del templo y la mueblería del mismo. También se utilizaba mucho en los palacios de los reyes, pero también en los ejércitos que utilizaban las armas de guerra y aún hoy el oro se continúa usando en tecnologías que siguen evolucionando según los nuevos descubrimientos. En otras palabras, el oro nunca pasa de moda ni tampoco pierde su valor.

No Tengas Prisa, Es Un Proceso Minucioso

Si has escuchado o leído de cómo se refina el oro sabrás entonces que es un proceso muy minucioso. De hecho, si usted y yo tuviéramos la posibilidad de hacerlo, creo que solo en el intento nos rendiríamos. Comparándolo a nuestra vida, imagínese si Dios se diera por vencido con nosotros, pero qué bueno que Dios no se rinde con nosotros y es paciente no queriendo que nadie se pierda, sino que lleguen al arrepentimiento.

Muchas veces en los terrenos donde se esconde el oro, no nos podemos imaginar que exista el tal. Pero una vez que se descubre, hay que comenzar a limpiar el terreno y remover la capa artificial. En otras palabras, comienza una limpieza extrema del terreno y todo lo que estorba se quita para poder tener acceso al oro. Es importante que antes de poder extraerlo, se retire toda la capa superficial de la tierra, hasta dejar solo el área que se explotará para comenzar la búsqueda a profundidad y tener acceso al preciado metal.

Irónicamente, a pesar de que el oro es uno de los más preciados de los metales preciosos, su apariencia al principio no es para desear, lo que lo hace realzar su belleza y gran calidad es el proceso de refinado a el cual tiene que ser sometido. Al encontrarse en los ríos se reduce simplemente a pequenitas piezas mezcladas con el polvo negro encontrado en la arena negra y en las chatarras.

De igual manera así pudiéramos describir nuestras vidas antes de venir a los pies de Cristo. Muchos de nosotros vivíamos en el pecado, en la oscuridad, vivíamos con capas de máscaras que nos cubrían lo que en realidad éramos por dentro. Una vez somos descubiertos debemos entonces someternos a un proceso que es ahí donde muchos prefieren volver atrás y no continuar sirviendo al Señor porque lo encuentran muy difícil y que no vale la pena. En el proceso del refinamiento del oro vemos que es un proceso muy riguroso de purificación, separación, y mezclado con ácidos que harán sacar lo mejor del elemento. A la vez esos químicos ayudaran a destruir todas las impurezas y residuos que le afean. A pesar de ser tan apreciado aun es uno de los materiales más difíciles de desenterrar. Por cierto, según las estadísticas y los descubrimientos, aun el 80% del oro del mundo no ha sido desenterrado. Como si fuera poco, todavía los avances de la tecnología no han podido producir oro, es uno de los minerales de la naturaleza que Dios creó y por lo tanto el mismo mantiene su exclusividad.

El Valor Inherente

Dios nos creó a su imagen, otorgándonos un valor inherente que no depende de nuestras habilidades o logros, sino por su amor y misericordia. Cada uno de nosotros posee dones y talentos únicos, un "oro" que Dios desea refinar y utilizar para su gloria.

> "¿No sabéis que sois templo de Dios, y que el Espíritu de Dios mora en vosotros?" (1 Corintios 3:16)

Cuando comparamos estas características con nosotros, podemos ver que al igual que el oro, para muchos no somos más que una fina capa de polvo negro con nada de la apariencia del oro que no parece ser la gran cosa. Sin embargo, para nuestro Creador somos uno de los elementos más importantes en su creación, somos hechura suya, hechos a su imagen y semejanza, especial tesoros para él, pues somos la corona de la creación. En muchas ocasiones nos sentimos que otros no nos aprecian, y que no pueden ver el potencial en nosotros haciéndonos sentir inferiores. En realidad, somos un oro bruto donde todas esas capas tienen que ser removidas, para descubrir el brillo que en nosotros hay. Estoy segura que muchos de nosotros podemos relacionarnos con un pasado doloroso y lleno de heridas, falta de perdón, amarguras y con depresión. En ocasiones vamos por la vida contándole a todos lo que nos hicieron y por supuesto siempre con el papel de víctima, porque fue a nosotros a quien nos hirieron. Lo que muchas veces no podemos entender es que, precisamente que lo que se esconde debajo de todas esas capas, por ejemplo, las heridas, traiciones, rechazos y sufrimientos, son precisamente las que van puliendo nuestro oro. Al ir dejando que Dios sane nuestras heridas es como que vamos dejando que el proceso del Pre-minado vaya removiendo las capas artificiales, las cuales han ocultado todo lo que ha estado muy adentro de la superficie. Esas capas han causado tanto daño y afean nuestro oro con amargura, y rencores dañando la esencia del oro no dejándolo brillar.

¿Sabes Cual Es Tu Troféo de Oro?

Algo importante que debes de aprender, es que lo que el diablo hizo o provocó para acabarte, usando sus instrumentos diabólicos, para destruirte del todo y que nunca puedas levantarte, Dios lo convertirá a tú favor y lo usará para testimonio. En otras palabras, lo que el enemigo uso para tú fin, será tú arma de guerra para tú comienzo y tu éxito. Comienza a mirarte como un victorioso o victoriosa, sobreviviente de los ataques del enemigo, ese será tú trofeo de oro. Deja de verte como una víctima, es tiempo de levantarte como guerrero/a. ¿Recuerdas con que espada mató David a Goliat?, con la misma que él fue amenazado e intimidado.

En muchas ocasiones cuando estamos pasando por esta etapa nos convertimos en llorones, todo nos hace llorar y cuando el Espíritu Santo va removiendo todas esas capas artificiales que no dejaban que comenzara el proceso del pre-minado, se convierte en una hermosa etapa donde comenzamos a experimentar la sanidad interior según le damos la libertad al Espíritu Santo que vaya penetrando y sanando. Es como que cada capa superficial que nos mantenía sin la pureza o el brillo va siendo expuesta para comenzar a brillar según la calidad del oro. Esto no es un proceso rápido sino de acuerdo con cuanto daño hayamos tenido abajo de todas esas capas, lo importante es que se ha comenzado la exploración y el pre minado. Ya se sabe que hay un oro muy caro debajo de todas esas capas ahora hay que comenzar a trabajarlo.

Reconociendo las Capas de "Roca"

Es de suma importancia identificar las "rocas" que ocultan nuestro potencial: miedos, inseguridades, patrones de pensamiento negativos. Reflexionar sobre las experiencias pasadas que han moldeado nuestra percepción de nosotros mismos. Una vez vayamos descubriendo el "Oro" oculto, comencemos a explorar nuestros dones y talentos únicos, reconociendo las áreas donde sentimos pasión y propósito. Es de suma importancia buscar la guía de Dios a través de la oración y la meditación en su Palabra, permitiéndole revelar nuestro potencial.

> "Porque somos hechura suya, creados en Cristo Jesús para buenas obras, las cuales Dios preparó de antemano para que anduviésemos en ellas." (Efesios 2:10)

Esto nos ayudará para abrazar el valor divino, en otras palabras, comenzar a vernos como Él nos ve, y aceptar que somos valiosos a los ojos de Dios, independientemente de nuestras imperfecciones. De esta manera comenzaremos a cultivar una mentalidad de gratitud, reconociendo los dones y talentos que Dios nos ha dado.

Mi Propia Mina Personal

Reflexionemos sobre nuestra propia "mina" personal, identificando las "rocas" y buscando el "oro" oculto, mientras oramos y meditamos en la Palabra de Dios, permitiendo que Él nos revele nuestro potencial. Recordemos siempre la importancia de abrazar el valor inherente que Dios nos ha dado. Dios nos ve como minas llenas de potencial aunque ante los ojos nuestros y de los demás hayamos permanecido en lo oculto. A través de su amor y gracia, Él nos invita a explorar nuestra "mina" personal, reconociendo el valor inherente que hemos olvidado y permitiendo que Él revele el "oro" de nuestro propósito divino. Si a lo mejor te sientes que en este momento eres un oro en bruto, y el proceso está apenas comenzando, pues perfecto. No te rindas, porque si vale la pena, y al final brillaras como no tienes idea.

Continuemos el viaje hacia la liberación total donde las lágrimas del alma van removiendo las capas artificiales que antes nos ahogaban en las penas y la amargura. Deja que el Espíritu Santo comience esa obra hermosa, llora si tienes que llorar, no te detengas, pero luego seca tus lágrimas y continuemos con el proceso porque esto es solo el comienzo.

CAPITULO 4

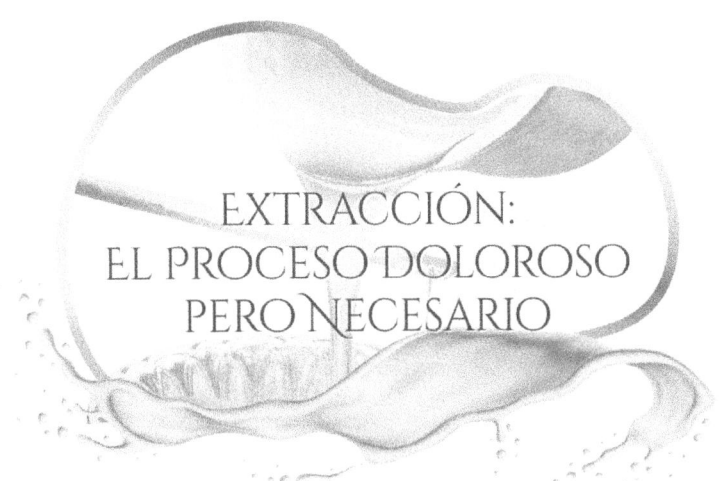

EXTRACCIÓN: EL PROCESO DOLOROSO PERO NECESARIO

El proceso de refinación del oro comienza con la minería, una etapa crucial donde se extrae el material bruto que contiene oro, plata y otros minerales. Para acceder a estos tesoros ocultos, se realizan perforaciones profundas, a veces alcanzando hasta 3 kilómetros de profundidad, donde yacen los minerales preciosos. Por lo tanto, este proceso de minado se concentra en perforar y explotar el terreno. Observemos el proceso de refinado y su paralelo espiritual. De la misma manera, en lo más profundo de nuestro corazón y en nuestra alma se esconden esas cosas que debemos exponer hacia afuera para poder destapar las capas de oros que han quedado sepultadas a través del tiempo. A muchos se nos hace muy difícil identificarlas pero con la ayuda de Dios podemos lograrlo. Lo importante es que seamos honestos y sinceros de corazón. Después de todo, si no lo hacemos nos mentimos a nosotros mismos. Mencionemos algunos de esos pasos tan rigurosos que al parecer no nos gustarían pero que son muy necesarios para el refinado del oro.

Voladura: Revelando lo Oculto

Este proceso implica una perforación meticulosa del terreno, creando una red de agujeros que se llenan con explosivos. La voladura, la detonación controlada de estos explosivos, fragmenta la roca, exponiendo los minerales a la superficie. Tras la voladura, se procede al carguío y acarreo, donde se remueve el material extraído, creando vastas excavaciones conocidas como tajos. Grandes camiones y palas transportan este material a las instalaciones de lixiviación, donde se recupera el oro. Este proceso físico encuentra un poderoso paralelo en nuestro camino espiritual. Al igual que en la minería, las heridas más profundas que nos alejan de Dios a menudo se esconden en lo más recóndito de nuestro ser. Descubrir el potencial oculto en la "mina" de nuestro ser marca el inicio de un proceso de extracción espiritual. Por lo tanto, es en lo más profundo que se esconden las heridas más fuertes que no nos dejan acercarnos a Dios, y después de descubrir el potencial oculto en la "mina" de nuestro ser, comienza el proceso de extracción. Al igual que los mineros que excavan y separan el mineral precioso de la roca, Dios nos lleva a través de desafíos que, aunque dolorosos, son esenciales para liberar el "oro" de nuestro carácter.

La Extracción:

Un Proceso de Pruebas y Desafíos

La extracción simboliza las dificultades y pruebas que enfrentamos en la vida. Así como la extracción del mineral requiere esfuerzo y a menudo implica condiciones difíciles, nuestro crecimiento espiritual también puede ser un proceso arduo. Estas pruebas pueden manifestarse de diversas formas: problemas de salud, dificultades financieras, conflictos en las relaciones, o luchas internas con el pecado y la duda. Aunque sabemos que Dios no es el autor del dolor, ni del sufrimiento, a menudo, nos preguntamos por qué Dios lo permite. Sin embargo, la Biblia nos enseña que el dolor puede tener un propósito redentor. Dios no se deleita en ver a sus hijos sufrir las pruebas o los tropiezos en la vida. Estos pueden venir de diferentes fuentes, pero de igual manera si Dios los permite debemos de entender que a través de las pruebas, Él nos moldea y nos purifica, eliminando las impurezas que nos impiden crecer en nuestra fe.

"Y después de que hayáis padecido un poco de tiempo, él mismo os perfeccione, afirme, fortalezca y establezca." (1 Pedro 5:10)

El mismo Jesús no estuvo exento de pruebas y tribulaciones, todo lo contrario, sufrió hasta la muerte, y muerte de cruz, sin aun merecerlo. Así como el oro no puede ser refinado sin ser extraído de la roca, nuestro carácter no puede ser transformado sin enfrentar desafíos. Las pruebas nos revelan nuestras debilidades y nos obligan a depender de Dios, mientras van fortaleciendo nuestra fe y nuestra relación con él. A pesar de todo lo que Jesús experimentó, el dependía de su Padre Celestial. El sufrió desprecios, traiciones, calumnias, y hasta la muerte en la cruz, pero su comunión con su Padre Celestial lo fortalecía todos los días llenándolo de esa unción que necesitaba no solo para sanar y hacer milagros pero para sostenerse aún en los momentos más difíciles que tuvo que vivir en su ministerio terrenal.

"Porque la tribulación produce paciencia; y la paciencia, prueba; y la prueba, esperanza." (Romanos 5:3-4)

Es muy importante entender, que mientras navegamos el proceso de extracción debemos de encontrar nuestra fortaleza en Dios, porque durante las pruebas, es fundamental buscar la fortaleza y el consuelo de Dios. La oración, la lectura de la Biblia y el apoyo de la comunidad cristiana pueden ayudarnos a superar los desafíos.

> "Dios es nuestro amparo y fortaleza, nuestro pronto auxilio en las tribulaciones." (Salmo 46:1)

Aprendiendo de las Pruebas

Cada prueba tiene una lección para aprender. Debemos buscar la sabiduría de Dios para comprender el propósito de nuestro sufrimiento. Las pruebas pueden enseñarnos paciencia, humildad, compasión y dependencia de Dios. También deberemos entender que a menudo le llamamos "pruebas" a las consecuencias de decisiones que tomamos erroneas y en las cuales muchas veces Dios nos advirtió, pero no escuchamos con un oido sensible porque deseábamos hacer nuestra propia voluntad. Es importante que en estos casos admitamos nuestros errores y pidamos perdón a Dios siendo sensible a la voz del Espíritu Santo. Todos nos hemos equivocados en algún momento de nuestras vidas, lo importante es no quedarnos en ese error e ignorarlo ya que por la desobediencia y la rebelión, acarreamos maldiciones y malas consecuencias de algo que pudo haberse evitado. De hecho, en medio del mismo sufrimiento es donde muchas veces solo podemos abrazar el propósito. Entendiendo que, aunque el dolor es real, podemos encontrar esperanza en el hecho de que Dios tiene un propósito para nuestro sufrimiento. A través de las pruebas, Dios nos está preparando para un propósito mayor, utilizándonos para su gloria y a la larga poder bendecir a otros.

Así que amado lector, le invito a reflexionar sobre las pruebas y desafíos que has enfrentado en tú vida y aún más recientemente. Te animo a que busques la fortaleza y el consuelo de Dios durante los tiempos difíciles. Pues es importante conocer que, aunque no es Dios quien nos da la prueba, si el las permite y en muchas ocasiones es porque necesitamos pasar por ellas para poder ser mejor cada día. Así que nunca se te olvide confiar en el propósito de Dios durante el sufrimiento. Recuerda que el proceso de extracción, aunque doloroso, es esencial para liberar el "oro" de nuestro carácter. A través de las pruebas y desafíos, Dios nos moldea y nos purifica, preparándonos para cumplir nuestro propósito eterno. A veces, este proceso implica enfrentar situaciones difíciles que revelan nuestras debilidades y áreas que necesitan sanidad.

> "Porque tú, oh, Dios, nos has probado;
> nos has refinado como se refina la plata."
> (Salmo 66:10)

De hecho, las heridas no sanadas, el resentimiento y el pecado oculto pueden actuar como "rocas" que bloquean nuestro crecimiento espiritual. La Minería espiritual es una extracción de todo aquello que nos impide ser la mejor versión que Dios creó en nosotros.

La Profundidad de la Herida

A menudo, las heridas más profundas se esconden debajo de capas de negación, justificación o evasión. Dios, en su sabiduría, nos lleva a través de la "perforación" de estas capas, permitiendo que su luz revele lo que está oculto.

> "Porque la palabra de Dios es viva y eficaz, y más cortante que toda espada de dos filos; y penetra hasta partir el alma y el espíritu, las coyunturas y los tuétanos, y discierne los pensamientos y las intenciones del corazón." (Hebreos 4:12)

Cada uno de nosotros tenemos que reconocer que a ninguno nos gustaría pasar por el proceso. La perforación puede ser dolorosa, ya que implica confrontar nuestros miedos, inseguridades y pecados. Si nos dijeran exactamente cuándo y de qué se trata la próxima prueba que vendrá a nuestras vidas, entonces escaparíamos de dicho proceso. Sin embargo, es un paso esencial para la sanidad y la liberación. Es necesario que seamos perforados, para que podamos ser llenados de la presencia de Dios. Como ya mencionamos una vez que se perfora el terreno,

Dios permite que la "voladura" de su verdad exponga las rocas de nuestro corazón. Esta voladura puede manifestarse en forma de revelaciones, convicciones o confrontaciones que nos obligan a enfrentar la realidad.

> "Y conoceréis la verdad, y la verdad os hará libres." (Juan 8:32)

Proceso Doloroso Pero Necesario

Esa es la única forma de llegar a la liberación y transformación, al exponer nuestras heridas a la luz de Dios y su Santa Palabra. Por lo tanto, permitimos que su gracia nos sane y nos transforme. La voladura puede ser un proceso dramático, pero conduce a una mayor libertad y autenticidad en nuestra relación con Dios. Es necesario que todo lo que no le agrada a Dios sea volado de nuestra vida, para que podamos ser como el oro refinado.

Amado lector, te invito a reflexionar sobre tus propias heridas y áreas de dolor. Te animo a buscar la guía del Espíritu Santo en el proceso del "minado" espiritual. Te animo a que hagas de la oración una vida disciplinada donde todos los días sacas esos momentos para orar, meditar, y estar en la presencia de Dios. Pues es muy importante vivir una vida de búsqueda continua de la presencia de Dios para que sea Él quien te equipe para toda buena obra. Además de la oración, la confesión y el apoyo de la comunidad cristiana en este camino de sanidad es de suma importancia para poder llegar al resultado deseado. En fin, al igual que el proceso de minado literal, también el minado espiritual puede ser desafiante, pero es esencial para nuestra purificación y crecimiento en Cristo. Al permitir que Dios nos lleve a las profundidades de nuestro ser, podemos experimentar la sanidad y la liberación que solo él puede ofrecer.

Sin embargo, es importante señalar que Dios es un caballero y no obliga a nadie. El tocará a tu corazón, pero está en tus manos el abrirle y quitar ese candado oxidado por el tiempo y los malos recuerdos. De hecho, cuando le abras la puerta de tu corazón, asegúrate que botes el candado para para siempre, de esa manera tu corazón puede recibir sanidad constantemente y disfrutar de su presencia. El es el Maestro por excelencia, te ama y solo anhela lo mejor para tu vida, déjalo que el comience a hacer su obra como el desee y no a tu manera. Si le das esa oportunidad, yo te garantizo que tu vida nunca será la misma y verás los grandes resultados que obtendrás, solo así comenzarás a brillar para su gloria.

CAPITULO 5

TRITURACIÓN: ROMPIENDO LAS RESISTENCIAS

Después de la extracción, el mineral se somete a un proceso de trituración, donde la roca se rompe en pedazos más pequeños. Esta etapa simboliza la confrontación de nuestros patrones negativos y resistencias, un paso crucial en el camino hacia la purificación y el crecimiento espiritual. En la vida de todos nosotros vamos a encontrar resistencias internas ya sea por una razón u otra. Todos hemos vivido nuestras experiencias, por lo tanto, la trituración representa el proceso de confrontar y romper las resistencias internas que nos impiden crecer. Estas resistencias pueden manifestarse como patrones de pensamiento negativos, hábitos dañinos, miedos arraigados o actitudes obstinadas. Así como la trituradora rompe la roca dura, Dios nos ayuda a confrontar y superar estas resistencias.

Identificando los Patrones Negativos:

No estamos diciendo que será fácil, pero si es crucial identificar los patrones negativos que nos impiden avanzar. Estos pueden incluir:

- La autocrítica constante.
- El miedo al fracaso.
- La tendencia a la procrastinación.
- La necesidad de control.
- El resentimiento y la amargura.
- Entre otras

La Palabra de Dios y la guía del Espíritu Santo pueden ayudarnos a discernir estos patrones. La confrontación de nuestros patrones negativos puede ser un proceso incómodo y doloroso, pero es sumamente necesario para poder tener éxito y ver resultados permanentes, por lo tanto, es esencial para nuestra liberación y transformación.

> "Por tanto, nosotros también, teniendo alrededor nuestro tan grande nube de testigos, despojémonos de todo peso y

del pecado que nos asedia, y corramos con paciencia la carrera que tenemos por delante," (Hebreos 12:1)

Sin embargo, para el proceso de liberación y cambio se necesita rendición y humildad. Para romper nuestras resistencias, debemos rendirnos a la voluntad de Dios y reconocer nuestra necesidad de su ayuda. La humildad nos permite reconocer nuestras debilidades y aceptar el cambio. Por el otro lado, la transformación comienza con la renovación de nuestra mente. Debemos reemplazar los patrones de pensamiento negativos con la verdad de la Palabra de Dios.

"No os conforméis a este siglo, sino transformaos por medio de la renovación de vuestro entendimiento, para que comprobéis cuál es la buena voluntad de Dios, agradable y perfecta." (Romanos 12:2)

Por lo tanto, tenemos a nuestro mejor aliado de nuestro lado, a quien Jesús dijo que enviaría y que él nos guiaría a toda verdad y a toda justicia. El Espíritu Santo nos capacita para superar nuestras resistencias y experimentar la liberación. Él nos guía, nos fortalece y nos ayuda a desarrollar nuevos patrones de pensamiento y comportamiento. Reflexionemos sobre nuestros propios patrones negativos y resistencias.

Busquemos la guía de Dios a través de la oración y la meditación en su Palabra. Siempre recordemos la importancia de la rendición, la humildad y la renovación de la mente. Este capítulo nos enseña que la trituración, aunque desafiante, es un paso esencial en nuestro camino hacia la transformación. Al confrontar y romper nuestras resistencias internas, permitimos que Dios nos moldee a su imagen y nos prepare para su propósito. No será un proceso fácil porque deberás aprender a reconocer que tu también has hecho daño a otros, ya sea con palabras, miradas, actitudes, comentarios, o cualquiera que haya sido el caso. Por el otro lado, es también muy importante que si en algo hemos faltado a alguien también nosotros nos preparemos para pedir perdón, y admitir que no somos perfectos y como dice las Escrituras en Santiago 3:2,

> Porque todos ofendemos muchas veces. Si alguno no ofende en palabra, este es varón perfecto, capaz también de refrenar todo el cuerpo.

Dios no está llamando a gente perfecta, sino gente que que aunque no sean perfectos, su corazón esté dispuesto a ser moldeados, triturados, refinados, y transformados por el poder de su Santa Palabra, para mostrar el brillo de su Gloria, mientras disfrutamos de su presencia.

CAPITULO 6

EL CRISOL: EL FUEGO PURIFICADOR DE LA TRANSFORMACIÓN

No se si alguna ves has visto un crisol, es como una especie de caldero pero muy fuerte y resistente al fuego, que se utiliza para derretir el oro a altas temperaturas. De hecho un caldero común y corriente jamás podría ser expuesto a tantas horas y a tan altas temperaturas como el crisol. Una vez el oro está listo para la nueva faceta, es sometido al proceso más doloroso que pueda experimentar. Se derrite aproximadamente a 1,064.43 grados centígrados. Pasa por el fuego o el crisol por largas horas hasta que queda refinado botando todas sus impurezas, entonces luego lo lavan con agua fría. Es una parte esencial en este proceso, no hay de otra forma, el oro se debe derretir para purificarlo. Hay que derretir el metal para poder sacar y separar la escoria de lo preciado. El proceso empieza en derretir el metal para purificar el oro. Las barras son derretidas y se sumergen en un baño de agua helada para reducir el tamaño de las partículas. Si ese oro pudiera hablar yo estoy mas que segura que nunca dejaría que le pasen por este proceso.

Cuando comparamos esto a nuestra realidad, pudieramos decir que hay ocasiones donde los problemas de la vida en realidad derriten a cualquiera. Muchas veces, aunque no lo podamos comprender Dios los está permitiendo porque es muchas veces de la única manera que puede llamar nuestra atención. Cuantas veces nos hemos sentidos desmallar, como que ya no podemos más, como que todo lo que está sucediendo no lo podemos familiarizar con lo que Dios nos ha prometido. Dios nos prometió bendición y he aquí momentos de pruebas. Dios nos prometió paz y el enemigo a diario nos hace la guerra. Dios nos prometió prosperidad, pero las deudas no parecen nunca acabarse. Y así sucesivamente, vemos como el enemigo usa constantemente todo a su alrededor para mantenernos opacados y que no podamos brillar.

Proceso Doloroso Pero Necesario

Cuando el mineral se introduce en un crisol, donde se somete a altas temperaturas para fundir el oro y separar las impurezas. Esta etapa representa el crisol de la transformación divina en nuestras vidas, donde somos purificados a través de pruebas intensas, permitiendo que el "oro" de nuestro carácter brille con mayor claridad.

El crisol, una imagen poderosa en la Biblia, representa el proceso doloroso pero necesario de purificación y transformación que Dios utiliza. A través de las pruebas y tribulaciones, somos refinados como el oro, liberados de nuestras impurezas y preparados para cumplir nuestro propósito divino. Aunque no suene tan alentador, pudiéramos decir que los problemas y las pruebas que pasamos en la vida sirven para purificarnos, limpiarnos y hacernos mejores cada día. Cuando pasamos por el crisol somos transformados en ese baluarte que puede luego bendecir a muchas personas. De hecho, él no nos deja solo, sino que está con nosotros en todo momento, y no importa que pasemos por el crisol, siempre el Espíritu Santo llega y nos refresca. Una vez que el viene con el agua del Espíritu Santo y nos refresca, podemos estar listos para seguir brillando. Posteriormente al ser refinados podemos ver como continuamos brillando más y más mientras el Señor nos fortalece.

Así que si estas siendo refinada o refinado, si sientes el fuego y las llamas que te queman, no te rindas, dice la Palabra en Malaquías 3:3

> "Y Él se sentará como fundidor y purificador de plata, y purificará a los hijos de Leví y los acrisolará como a oro y como a plata,

y serán los que presenten ofrendas en justicia al SEÑOR."

Recuerda que el oro tiene que ser sometido al fuego para purificarlo, pero luego es que entonces brilla muy hermoso. Después que seas refinado como el oro tu ofrenda a Dios será mucho mejor, no te niegues a pasar por el crisol. No te quejes cada vez que venga un problema a tu vida, no te acostumbres a estar con un lamento de víctima en todo tiempo. Aprende a adorarle en medio de la prueba y será un bálsamo en medio del dolor. Aprende a vivir agradecida/o hasta por las cosas negativas que te sucedan y de todo saca una enseñanza y verás que como dice Romanos 8:28

"Y sabemos que para los que aman a Dios, todas las cosas obraran juntamente para su bien, para los que conforme su propósito ha sido llamado."

De hecho, algo que me gustó mientras estudiaba acerca del refinado del oro es que "El oro no se puede mezclar con nada sino así mismo." El crisol simboliza las pruebas intensas y los desafíos que enfrentamos, que pueden sentirse como un "fuego" abrasador. Así como el oro se funde a altas temperaturas para eliminar las impurezas, Dios permite que pasemos por el "fuego" de las pruebas para purificarnos. Este proceso puede ser doloroso, pero es esencial para nuestra transformación y crecimiento espiritual.

Si pudiéramos hablar de el propósito de la purificación diríamos que Dios no nos permite el sufrimiento por crueldad, sino por amor. Él desea liberarnos de las impurezas que nos impiden vivir plenamente en su gracia. A través del crisol, somos moldeados a la imagen de Cristo, desarrollando un carácter más fuerte y una fe más profunda.

> "Y os meteré en el fuego, y seréis fundidos como se funde la plata; y os probaré como se prueba el oro." (Zacarías 13:9)

Las pruebas pueden revelar nuestras debilidades y exponernos a nuestras impurezas ocultas. Al enfrentar estas pruebas con la ayuda de Dios, podemos experimentar una transformación profunda en nuestro carácter y nuestra relación con él. Es a través de estas pruebas que nuestro carácter es probado, y que la fe se fortalece.

Mientras navegamos el proceso de la transformación es importante desarrollar confianza en el que creó el fuego purificador, ***no será un fuego para destruirte sino para purificarte***. Durante las pruebas, es fundamental confiar en el propósito purificador de Dios. Debemos recordar que Dios está presente en medio del "fuego", sosteniéndonos y fortaleciéndonos.

"Cuando pases por las aguas, yo estaré contigo; y si por los ríos, no te anegarán. Cuando pases por el fuego, no te quemarás, ni la llama arderá en ti." (Isaías 43:2).

Mientras aprendemos del fuego de las pruebas recordemos que el "fuego" de las pruebas puede enseñarnos lecciones valiosas sobre la paciencia, la humildad y la dependencia de Dios. Debemos buscar la sabiduría de Dios para comprender el propósito de nuestro sufrimiento y crecer a través de él.

A medidas que vamos atravesando por el duro proceso del refinamiento, después de pasar por el crisol, emergeremos como "oro" refinado, con un carácter más puro y una fe más fuerte. Nuestra experiencia puede convertirse en un testimonio poderoso de la gracia y el poder transformador de Dios.

Cuando el oro se está fundiendo, es como liquido hirviendo en altas temperaturas donde todo lo que aún le queda, cualquier escoria, residuos, o impurezas salen a la superficie por la presión que provoca el fuego abrazador. En otras palabras, la presión cuando está en lo más alto del fuego al fundirlo remueve los residuos que se acumulan en la superficie de la mezcla. Esa presión del fuego a todo dar sacara tú mejor esencia y te ayudara a separar la escoria, o la basura que aún queda en tus actitudes y comportamientos.

Así que amado lector, te invito a reflexionar sobre las pruebas intensas que has enfrentado. Te animo a confiar en el propósito purificador de Dios durante los tiempos difíciles. Recuerda la importancia de aprender de las pruebas y de permitir que Dios nos transforme.

Este capítulo nos recuerda que el crisol, aunque doloroso, es un proceso esencial para nuestra transformación. A través del "fuego" de las pruebas, Dios nos purifica y nos moldea a su imagen, preparándonos para reflejar su gloria. Cuando pasamos por el crisol, somos moldeados a la imagen de Cristo, desarrollando un carácter más fuerte y una fe más profunda. Ósea que la purificación es necesaria para poder tener una relación más cercana con Dios.

El Fuego y el Agua: Dos Etapas de la Transformación

Pero tengo buenas noticias ya que en medio de tanto fuego también hay tiempos de refrigerio, el fuego y el agua son parte de la transformación, el agua del Espíritu Santo es derramada en nuestras vidas refrescando nuestro ser. No todo es dolor o sufrimiento, habrá momentos de refrigerio donde seremos motivados e inspirados por el mismo Espíritu Santo a no rendirnos y seguir hacia adelante. En realidad, pasar por el crisol es un proceso de purificación dolorosa pero necesario para cada uno de nosotros. Así como el oro se somete a altas temperaturas para eliminar las impurezas, nosotros también pasamos por el "fuego" de las pruebas permitidas por Dios para ser purificados. Este proceso puede ser doloroso y desafiante, pero es esencial para nuestro crecimiento espiritual.

> "Porque tú, oh, Dios, nos has probado;
> nos has refinado como se refina la plata."
> (Salmo 66:10)

Dios no nos causa sufrimiento por crueldad, el es amor. Él desea liberarnos de las cargas del pecado, el resentimiento y el orgullo que nos impiden vivir plenamente en su gracia.

El Fuego del Crisol

Las pruebas y tribulaciones pueden sentirse como un fuego abrasador, exponiendo nuestras debilidades y purificando nuestro corazón. Sin embargo, durante este tiempo, Dios está presente, sosteniéndonos y fortaleciéndonos para que podamos soportar el proceso. El agua de su Espíritu es derramada sobre nosotros.

> "Cuando pases por las aguas, yo estaré contigo; y si por los ríos, no te anegarán. Cuando pases por el fuego, no te quemarás, ni la llama arderá en ti."[1] (Isaías 43:2)

Después del fuego, Dios nos refresca con el "agua" del Espíritu Santo, sanando nuestras heridas y renovando nuestras fuerzas. El Espíritu Santo nos consuela, nos guía y nos capacita para brillar con la luz de Cristo. El espíritu santo es quien nos ayuda a recuperarnos, y quien nos ayuda a poder seguir adelante. Cuando aprendes a desarrollar una relacion intima con el Espiritu Santo podrás entender muchas cosas y todo cobrará sentido. El te revelará cosas que de otra forma serán muy difícil para poder comprenderlas desde la perspectiva de Dios. El Espiritu Santo es tu Consolador, el te consuela, te guia, te fortalece y te equipa para toda buena obra. Confía en el y conócelo cada día más, el desea que tengas comunión con el.

La Transformación en un Testimonio

Llego el momento de brillar, todo el sufrimiento, las pruebas, las malas experiencias se convierten en bendiciones y en un testimonio de la gracia, la misericordia y la bondad de Dios. Después de pasar por el crisol, somos transformados en un testimonio viviente de la gracia y el poder de Dios. Nuestra experiencia puede inspirar y alentar a otros que están pasando por pruebas similares. Cuando pasamos por el crisol, y salimos victoriosos, podemos ayudar a otros que están pasando por situaciones similares. Nuestra vida, refinada por el fuego y refrescada por el agua, se convierte en una ofrenda de valor a Dios. Nuestra fe, fortalecida por las pruebas, nos permite servir a Dios y a los demás con mayor eficacia.

Así que amado lector, le animo a confiar en el proceso de purificación de Dios, incluso en medio del dolor. Recuerda la importancia de buscar el consuelo y la guía del Espíritu Santo durante las pruebas. Sobre todo, comienza a compartir su testimonio de transformación, para que otros puedan encontrar esperanza en Dios.

Recuerda que el crisol es un símbolo del amor y la gracia transformadora de Dios porque a través de las pruebas, somos refinados y purificados, emergiendo como un testimonio brillante de su poder y fidelidad.

CAPITULO 7

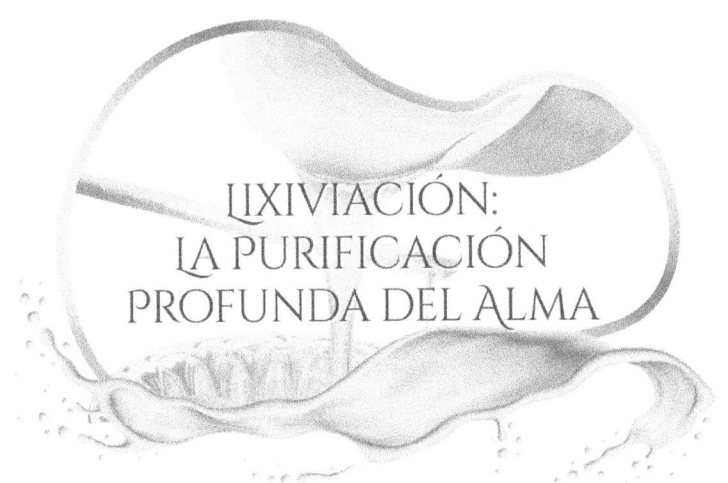

LIXIVIACIÓN: LA PURIFICACIÓN PROFUNDA DEL ALMA

En este capítulo, exploramos los procesos de lixiviación, lavado y mezclas químicas como metáforas para la purificación profunda del alma. Así como estos procesos separan los metales preciosos de las impurezas, Dios utiliza métodos similares para limpiarnos y refinarnos. La lixiviación, es el proceso donde se experimenta la extracción de impurezas ocultas, es la extracción de sustancias solubles mediante un líquido, lo cual podemos comparar y representa cómo Dios expone y elimina las impurezas ocultas en nuestro corazón. Este proceso puede implicar la confrontación de pecados, heridas no sanadas o patrones de pensamiento negativos que nos impiden crecer espiritualmente. Así como el líquido químico disuelve y extrae las impurezas del mineral, la Palabra de Dios y el Espíritu Santo revelan y eliminan las impurezas de nuestra alma.

> "Porque la palabra de Dios es viva y eficaz, y más cortante que toda espada de dos filos; y penetra hasta partir el alma y el espíritu, las coyunturas y los tuétanos, y discierne los pensamientos y las intenciones del corazón." (Hebreos 4:12)

De modo que Dios, a través de su gracia, nos guía en este proceso de extracción, ayudándonos a identificar y liberar las cargas que nos impiden vivir plenamente en su amor. Este proceso puede involucrar la confesión, el arrepentimiento y la búsqueda de sanidad a través de la oración y la comunidad cristiana.

El lavado, es un proceso de limpieza profunda el cual puede representar cómo Dios nos purifica de la mancha del pecado y nos renueva con su gracia. Así como el agua limpia la suciedad, la sangre de Cristo nos lava y nos hace nuevas criaturas. Este proceso nos ayuda a poder sentirnos renovados, y limpios, para poder tener una mejor relación con nuestro Padre Celestial.

Limpieza a Través de la Gracia

Algo muy importante que debemos de entender, y es que como cristianos redimidos por la sangre de Cristo quien murió por nosotros y por todos los pecados de la humanidad, que la limpieza espiritual no se logra por nuestros propios esfuerzos, sino por la gracia de Dios. Su gracia nos perdona, nos sana y nos capacita para vivir una vida libre de las impurezas del pasado.

> "Si confesamos nuestros pecados, él es fiel y justo para perdonar nuestros pecados, y limpiarnos de toda maldad." (1 Juan 1:9). [1]

En otras palabras, es por su gracia y su amor que el Espíritu Santo nos renueva. Cuando somos transformados por el, el comienza a transformar nuestra mente, alma y corazón. Él nos guía hacia la verdad y nos fortalece en la lucha contra el pecado ayudandonos a desarrollar un carácter semejante al de Cristo. El Espíritu Santo, nos ayuda a poder ser renovados completamente, permitiendonos tener una relación más cercana con Dios.

El poder del Perdón

Dios nos perdona, borrando nuestros pecados y liberándonos de la culpa y la condenación. Este perdón nos permite experimentar la libertad y la paz que solo

Dios puede dar. El perdón, es un proceso que nos libera, y nos ayuda a poder seguir adelante sin las cargas del pasado.

Por lo tanto, te invito a buscar la limpieza profunda de Dios a través de la confesión y el arrepentimiento y a recibir la gracia y el perdón de Dios, permitiendo que él sane las heridas del pasado. Nunca olvides la importancia de la renovación por el Espíritu Santo, permitiendo que él transforme nuestro corazón y nuestra mente porque el Espíritu Santo es amable y todo un caballero. Él no forzará nada en tú vida, sino que según le permitas, el estará obrando en tú interior.

Este capítulo nos recuerda que la lixiviación y el lavado simbolizan la limpieza profunda del alma. A través de la gracia y el perdón de Dios, somos purificados y renovados, permitiéndonos reflejar su imagen con mayor claridad.

Limpiando y Purificando el Alma

Como mencioné anteriormente, el lavado es un proceso de limpieza profunda, y este representa cómo Dios nos purifica de las manchas del pecado mientras nos renueva con su gracia. Así como el agua limpia la suciedad, la sangre de Cristo nos lava y nos hace nuevas criaturas. Ahora bien, es muy importante entender que la gracia no significa que constantemente estemos pecando contra el y luego humillándonos para recibir su perdón. No es que serás perfecto pero si necesitas tener cuidado de no ofender el corazón de Dios y entristecer al Espiritu Santo. Pues el se alejará si no le obedeces descuidas tu relación con el. Recuerdas que dijimos que el es un caballero y no obliga a nadie, pero el tampoco se queda cuando tu lo sacas de tu vida dandole prioridad al pecado y la desobedediencia.

> "Si confesamos nuestros pecados, él es fiel y justo para perdonar nuestros pecados, y limpiarnos de toda maldad." (1 Juan 1:9)

Aquí podemos experimentar la acción purificadora de Dios cuando en su misericordia, nos lava con su amor y nos renueva con su Espíritu Santo, permitiéndonos comenzar de nuevo y caminar en su luz. El agua representa la palabra de Dios, que nos limpia y nos santifica. Algo muy importante es que si se usan solo algunos ingredientes para suavizar el proceso, entonces no funcionará. De la misma manera en que nosotros necesitamos de su gracia y misericordia de Él en nuestras vidas, así mismo somos responsables de nuestra parte en el proceso, en otras palabras, tu responsabilidad es ser sensible a la voz de Dios cuando te hable, tener una actitud de sujeción a su perfecta voluntad, y amarle con todo tu alma, cuerpo, mente y corazon. Cuando le amamos, el proceso es mas llevadero, porque el amor por su presencia te hará obedecerle en todo lo que te diga aunque no lo entiendas en el momento, como le dijo Jesús a Pedro, "Lo que no entiendes ahora, lo entenderás luego."

EDNA L. ISAAC

Mezclas Químicas:
La Transformación Es Completa

Luego entonces viene un proceso de mezclas químicas que servirán para continuar con el proceso de limpieza y refinamiento. Las mezclas químicas son la combinación de sustancias para crear una nueva solución y representan cómo Dios nos transforma completamente, moldeándonos a la imagen de Cristo.

En nuestra vida podemos aplicar el concepto cuando a través de la combinación de su Palabra, su Espíritu y nuestras experiencias somos regenerados. Dios crea una nueva persona en nosotros, libre de las impurezas del pasado. Por lo general, no es algo que surge de la noche a la mañana, sino un proceso lento donde Dios va transformando, limpiando, sanando y restaurando de acuerdo a como nosotros se lo permitimos. De una cosa sí estamos seguro y es que estamos pasando por el proceso del cambio y la restauración.

> "De modo que, si alguno está en Cristo, nueva criatura es; las cosas viejas pasaron; he aquí todas son hechas nuevas." (2 Corintios 5:17)

Dios, en su sabiduría, utiliza diversas "mezclas" de circunstancias y experiencias para refinarnos y prepararnos para su propósito. Así como los químicos se combinan para crear una solución más pura, Dios combina su gracia y nuestra fe para producir una transformación completa.

De modo que, mi amado lector le animo a buscar la purificación profunda en Dios, permitiéndole exponer y eliminar las impurezas de su alma. Recuerda la importancia de la confesión, el arrepentimiento y la búsqueda de sanidad a través de la oración y la comunidad cristiana. La palabra de Dios dice "confesaos nuestros pecados los unos a los otros y fortaleceos los unos a los otros". Es importante buscar a alguien que te acompañe en este proceso si está a tú disposición. Pero deberás asegurarte de que sea alguien sometido y que guarde la Palabra de Dios. Una persona de oración que te ayude a romper esas cadenas en el ámbito espiritual para que puedas recibir tú liberación. De manera que te animo a confiar en el proceso de transformación, sabiendo que él nos está moldeando a la imagen de Cristo.

Por lo tanto, recuerda que la lixiviación, el lavado y las mezclas químicas son metáforas poderosas de la purificación profunda que Dios realiza en nuestras vidas. A través de estos procesos, somos limpiados, renovados y transformados, emergiendo como un testimonio brillante de su gracia y su amor.

CAPITULO 8

TE PRESENTO A TU REFINADOR

Comienzo este capítulo diciéndote, que para poder llegar a la presencia de Dios deberás abrir tu corazón a Jesús como tu único y exclusivo Salvador, si aún no lo has hecho. En este momento te presento a tu Refinador, él es quien a través de la relación íntima contigo te refinará como el oro. Él te purificará, te limpiará, te separará, incluso te triturará si es necesario, pero te pondrá a brillar como no tienes idea. Hoy él te dice, compra de mi oro refinado, colirio para tus ojos espirituales, ropas blancas para que cubras tu desnudez espiritual. Confía en tu refinador, que, aunque pases por el fuego el estará contigo siempre, como lo hizo con los amigos de Daniel cuando estuvo en el horno de fuego literalmente y los protegió. Así mismo ha prometido estar contigo todos los días de tu vida.

> "Por eso te aconsejo que de mí compres oro refinado por el fuego, para que te hagas rico; ropas blancas para que te vistas y cubras tu vergonzosa desnudez; y colirio para que te lo pongas en los ojos y recobres la vista." Apocalipsis 3:18

Nunca pienses que todo lo que pasa o pasará en tu vida no tiene sentido y no vale la pena. Dios ya ha trazado un plan para tu vida y él sabe lo mejor que te conviene. De hecho, cuando tomas decisiones incorrectas, Dios no te desecha, pero las consecuencias te seguirán, si pecas, también te disciplina, y aunque es algo que no nos gusta, es necesario para tu bien.

Aunque Dios nos permite entrar en el horno de la aflicción y ser derretidos como el oro se derrite y se funde en el crisol, Él ha prometido estar con nosotros siempre. En muchas ocasiones, pasamos situaciones que nosotros mismos provocamos. Dios nunca desea nuestro mal, siempre el busca que nosotros tengamos éxito y triunfemos en la vida, especialmente para que le demos la gloria.

Ahora una cosa que debemos entender es que Dios no es el autor de muerte, ni tormentos, sin embargo, él tiene que permitir que tengamos consecuencias que precederán nuestras malas decisiones para que de ellas aprendamos. ¿Has estado alguna vez en dicha posición? En la que sabes muy dentro de ti que lo que te está sucediendo es tu propia culpa por tomar decisiones tontas que a la larga para nada aprovechan. Lo disimulamos y lo negamos hasta lo último porque nos avergüenza tener que decir, "me equivoqué".

Quiero que sepas que Dios es nuestro refinador, él sabe cuan valioso somos y como de la roca dura, de la arena negra, del lodo sucio amarillo, puede salir un precioso metal brillante llamado oro puro refinado, destinado para estar en lugares altos, palacios, en medio de reyes y sacerdotes. Sentados en lugares celestiales con Cristo Jesús.

Dios es especialista en transformar corazones que han sido rotos, el los sana y los transforma. Para Él no es imposible sacar de lo más vil y menospreciado algo hermoso y de gran valor. Dios constantemente está haciéndolo, aunque nosotros no lo merezcamos. Precisamente por eso entregó su Hijo Unigénito, para que nosotros fuéramos salvos. Tu eres escogido por Dios, solamente debes de creerlo y apoderarte de sus preciosas promesas.

Dios no te creó para que andes en depresión, soledad, miseria, y desdicha. Aunque seamos de familias humilde, aunque no tengamos las riquezas que muchos tienen, somos el mejor material que Dios creó para su honra y su Gloria.

Si aún estas ambivalente o no estás seguro de lo que Dios desea de ti, y como buscar a Dios hoy te hago un reto, que le creas a Dios, todo lo que él ha dicho de ti. Búscale en espíritu y en verdad, entrégate completamente, obsesiónate con su presencia, enamórate de su bondad y su misericordia.

Él es el Alfa y la Omega, el principio y el fin, el Dios todopoderoso, que todo lo sabe, todo lo escudriña, todo lo ve, delante de al estamos al descubierto, no podemos esconder lo que somos, lo que pensamos, o las intenciones de nuestro corazón. Con el estamos llenos de su misericordia. Cuando Él nos ve, nos mira como el oro refinado y completado en todas sus facetas, Él nos mira como el producto ya terminado. No importa quién eres, ni cuantos defectos tienes. No importa cuantas veces lo has intentado y has fracasado, Dios te mira como esa creación que el con sus manos formó.

Dios te ama y desea que tú también le ames, el desea tener comunión contigo. Cuando más solo te sientes, Él esta dispuesto siempre a escucharte, solo habla con Él. Cuando te sientas deprimido, Él esta ahí para consolarte, cuando te sientas a punto de caer en la tentación, solo clama a Él y te librará dándote las fuerzas para que huyas. Cuando sientas que ya no puedes más, Él está ahí para darte el aliento de vida que necesitas. Solo confía en Él y veras que nunca te dejará como lo ha prometido en su Santa y Divina Palabra.

¿No crees que, si tu vida no fuera tan importante Jesús habría muerto en la cruz del Calvario? De ninguna manera, lo hizo por amor a ti, porque te amaba. Comparto esta carta que el Espíritu Santo me inspiró a escribir hace muchos años atrás, y espero que Dios pueda ministrar a tu corazón a través de ella.

Carta de Dios, Tu Padre Celestial

Enero 14, 1998

Hola Querido Hijo:

¿Cómo estás? Atiéndeme por un momento, quiero contarte algo. ¿Sabes? Mucho tiempo atrás tuve que tomar una gran decisión en mi vida. Algo que fue muy difícil para mí, pero muy importante y conveniente para ti.

Al verte caminar sin rumbo y angustiado, sabiendo que ese no era mi plan para ti; hable con mi único hijo. Le pedí encarecidamente que, por favor, me permitiera sacrificarlo a él, para que así tú, (mi creación, mi hijo adoptivo) pudieras estar algún día conmigo.

Mi único hijo comprendió el dolor que sentía al verte en esa condición y aceptó mi propuesta. Él fue. Nació y creció hasta ser un hombre de bien, y le bendije, y ayudó a muchos, pero los hombres le maltrataron, le abofetearon, le escupieron su rostro y le mataron. Sufrí mucho al ver lo que hacían con mi único hijo. Se me hubiera hecho muy fácil decir a mi hijo; "Olvídalo hijo mío, no sufras y ven conmigo" pero tú estabas de por medio.

Tu eres tan importante para mí, que soporte el ver a mi hijo quebrantado y sufriendo hasta que en aquella cruz murió. Pero al morir cumplió con lo planificado. Ese es Jesús, mi hijo amado, quien obedeció a mi mandato.

Porque el cumplió y obedeció, ahora tú, hijo mío, creación mía, puedes estar conmigo. Si sólo me dejas entrar en tu corazón estaré contigo para siempre y nunca, pero nunca, te dejare.

Con mucho Amor,

Tu Padre Celestial

Escrito por Edna L Isaac, 1/14/98

Te Presento a Job

En la Biblia encontramos una historia verídica que tomo lugar muchos años atrás y marco la historia de un hombre quien lo perdió todo absolutamente, pero Dios le devolvió todo al doble. El mismo Dios se expresó de el diciendo que era un hombre justo y no había otro como él. Aquí vemos que también las personas justas, buenas, o moralmente decente pasan por momentos de tragedias, y pruebas.

El enemigo arremetió con todas sus fuerzas contra Job para dejarlo en la ruina, aun matándole todos sus hijos, quitándole su salud y sus riquezas. Job era el hombre más rico en aquel entonces, Dios lo había bendecido tanto que no tenía necesidad de nada hasta que el enemigo lo arruinó completamente.

Si bien Dios pudo haber evitado que Job pasara por toda esta calamidad, Dios se lo permitió. Job (dice el mismo Dios) no falló delante de los ojos de Él. No puedo ir por todos los detalles acerca de la vida de Job, pero te recomiendo que leas completo el libro de Job, porque es una historia fascinante y los misterios que enseña son fenomenales.

Lo que sí quiero dejarte muy claro es que Job era un siervo de Dios y tuvo que pasar por el crisol, saliendo luego victorioso y brillando el doble cuando ya su prueba había terminado. Fue recompensado grandemente por Dios y aun sus hijas que le volvieron a nacer, dice la palabra, que eran las más hermosas de todo el mundo conocido hasta ese entonces.

A continuación de dejo esta porción de las Escrituras que se encuentra en Job 22:22-26

> Acepta la enseñanza que mana de su boca; ¡grábate sus palabras en el corazón! Si te vuelves al Todopoderoso y alejas de tu casa la maldad, serás del todo restaurado; si tu oro refinado lo arrojas por el suelo, entre rocas y cañadas, tendrás por oro al Todopoderoso, y será él para ti como plata refinada. En el Todopoderoso te deleitarás;

ante Dios levantarás tu rostro. Cuando ores, él te escuchará, y tú le cumplirás tus votos. Tendrás éxito en todo lo que emprendas, y en tus caminos brillará la luz. Porque Dios humilla a los altaneros, y exalta a los humildes. Él salva al que es inocente, y por tu honradez quedarás a salvo».

Amado lector, le invito a hacer esta simple oración abriéndole su corazón a Jesús.

Padre Celestial, vengo ante tu presencia humillado y pidiéntote perdón por todos mis pecados. Acepto el sacrificio que hizo Jesús en la cruz del calvario. Escribe mi nombre en el Libro de la Vida y límpiame con tu sangre preciosa. Espíritu Santo entra en mi corazón y purifícalo. En el nombre de Jesús, Amen.

Si has hecho esta simple oración, visita una Iglesia donde se predique el evangelio completo y se persistente en tu servicio a Dios. ¡Bienvenido a la familia de Cristo Jesús!

CAPITULO 9

ORO PURO REFINADO: MOSTRANDO SU GLORIA

Es fascinante poder aprender acerca de la fundición del oro y todo el proceso tedioso de tantas largas horas, el trabajo bruto y peligroso que hay que hacer para lograr tener el oro refinado como lo deseamos. Al fin cuando vemos el resultado, podemos decir "Valió la Pena". Diferentes minas pudieran variar un poco en el método, sin embargo, el procedimiento siempre dará los mismos resultados, el oro casi puro, muy bien cotizado y apreciado. En realidad, me deja impresionada todos los químicos tan fuertes por el cual el oro tiene que sobrevivir, y aparte de eso, el fuego tan alto a lo cual debe ser sometido para luego poder brillar. En el proceso de la separación de metales y otras escorias, hasta que el fundidor no ve su rostro reflejado en el oro que está hirviendo no puede apagar el fuego ó detener el proceso. Mientras se mantenga el oro en el fuego se mantiene purificándose, en otras palabras, el fuego no lo quema, sino que lo purifica. Es impresionante la calidad de este mineral tan preciado, el fuego no lo elimina, sino que lo perfecciona y le saca la esencia más pura posible, llevándolo a su máximo potencial.

En una de las descripciones del proceso de refinamiento explica que la solución rica en oro y plata es filtrada y limpiada. Luego se le elimina el oxígeno y se añade polvo de zinc para precipitar el metal y hacerlo sólido. El producto del Merril Crowe es el que luego pasa al proceso de Refinería. La solución pobre, sin oro, es llamada también Barren. El ácido nítrico ataca el cobre y la plata, y el proceso dura de 6 a 12 horas. (Ciencia de los Materiales n.d.)

Luego cuando el material es disuelto, pasa a ser de material metálico a un líquido. Cuando el proceso se completa, el resultado es un líquido color café y oxidado. Se añade urea para neutralizar la solución antes de que el oro pueda ser separado. Cuando es neutralizado, el líquido es gaseado con dióxido de azufre en la "solución embarazada" (embarazada con oro). Cuando el gas empieza a meterse el oro se cae en el tanque. De modo que cuando cae todo el oro, entonces queda una solución de cobre y plata. Esta solución es puesta en otro tanque. Lo que queda en el tanque que parece "lodo amarillo" es actualmente oro. A este punto el oro es 99% puro, pero necesita ser lavado con ácido de azufre para lavarle todo lo que tenga de plata y cobre. Después agua des ionizada es usada para lavar el material por un sistema de filtración sofisticado. El resultado es polvo de oro. Ese oro puro es derretido con una temperatura de 2,200 grados y formado en barras. (Ciencia de los Materiales n.d.).

No Todos Te Entenderán

¡Guao! Increíble todos las etapas y los procesos que tienen que suceder antes de terminar como oro refinado y llegar a los mercados. Si lo comparamos a nuestra vida espiritual podemos ver que muchas veces cuando venimos a los pies de Cristo experimentamos una separación no solo del mundo de pecado, pero muchas veces de personas con quien antes compartíamos como familia. También amistádes que amamos, pero al no hacer más lo que ellos hacen nos dan la espalda, no nos invitan más, nos sacan el cuerpo como decimos los puertorriqueños y nos desprecian.

Muchas veces nos sentimos solitarios, como que ya somos personas totalmente apartados de todos. Muchos no lo pueden soportar y prefieren volver a pecar y a complacer a familiares ofendiendo el corazón de Dios, solo por tener a los suyos de su lado. De manera que cuando pasamos por el proceso de la separación no se nos hace fácil. Es necesario separar la escoria de nuestra vida, aunque muchos no te entenderán, pero si eres persistente luego ellos mismos serán testigos del poder transformador en tú vida. En muchas ocasiones terminando ellos también contagiados por el poder del Espíritu Santo.

Listos para Brillar

Después de los procesos de lixiviación y lavado, el "oro" ha sido purificado, listo para brillar con su máximo esplendor. Este es el resultado final del refinamiento: cómo, a través de la transformación, reflejamos la gloria de Dios. El oro puro y brillante simboliza nuestro carácter transformado, libre de impurezas y listo para reflejar la luz de Cristo. Así como el oro refleja el brillo, nosotros, a través del refinamiento, reflejamos la gloria de Dios al mundo. Este reflejo no se trata de nuestra propia gloria, sino de la gloria de Dios que brilla a través de nosotros, en otras palabras, el reflejo de Cristo. A medida que nos conformamos a la imagen de Cristo, nos convertimos en espejos de su amor, su gracia y su verdad. Nuestro carácter refinado se convierte en un testimonio viviente del poder transformador de Dios.

> "Y todos nosotros, con el rostro descubierto, contemplando como en un espejo la gloria del Señor, estamos siendo transformados en esa misma imagen de gloria en gloria, por la acción del Señor, que es el Espíritu" (2 Corintios 3:18).

El refinamiento nos prepara para cumplir el propósito que Dios tiene para nosotros. Nuestra vida transformada se convierte en una herramienta poderosa en las manos de Dios, para bendecir a otros y glorificar su nombre. Ahí es donde comenzamos a vivir en la gloria de Dios experimentando su presencia de forma continua y desarrollando nuestra íntima relación con Dios a través del Espíritu Santo. Después del refinamiento, somos llamados a caminar en la luz de Cristo, viviendo una vida que honre su nombre. Esto implica mantenernos alejados de las impurezas del mundo y buscar la santidad en todas las áreas de nuestra vida.

Nuestra luz no está destinada a ser escondida, sino a ser compartida con el mundo. Debemos ser testigos de la gracia y el amor de Dios, llevando esperanza y sanidad a los que nos rodean. En todo lo que hacemos, debemos dar gloria a Dios, reconociendo que él es la fuente de nuestra transformación y nuestro brillo. Recordemos que ese hermoso brillo no es nuestro, sino el reflejo de Cristo en nosotros. De la misma manera que la luna no brilla por si sola, sino que es el reflejo del sol, así nosotros no podemos brillar por nuestros propios méritos sino por los de nuestro Señor Jesucristo, pues es el único que se merece toda la gloria y toda la honra por los siglos de los siglos.

> "Así brille vuestra luz delante de los hombres, para que vean vuestras buenas acciones y glorifiquen a vuestro Padre que está en los cielos" (Mateo 5:16).

Compartiendo la Riqueza de la Transformación

Después de ser refinados y moldeados, nos convertimos en un tesoro en las manos de Dios, listos para compartir la riqueza de nuestra transformación con otros. De esa manera podemos utilizar nuestra experiencia para bendecir a otros y glorificar a Dios. Nuestra experiencia de transformación es un tesoro valioso que podemos compartir con otros. Nuestro testimonio puede inspirar esperanza y alentar a aquellos que están pasando por pruebas similares. Nuestro testimonio personal del poder transformador de Dios puede tener un impacto poderoso en la vida de otros. Al compartir nuestra historia, podemos llevar luz y esperanza a un mundo oscuro. Especialmente dejandooslas un legado para la nueva generación.

Impacto en el Mundo

Dios nos llama a servir a los demás, utilizando nuestros dones y talentos para bendecir a los que nos rodean. A través del servicio, podemos reflejar el amor de Cristo y llevar sanidad y restauración. Nuestra transformación puede tener un impacto significativo en el mundo, trayendo esperanza y cambio a nuestra comunidad. Al vivir una vida que honra a Dios, podemos ser una luz brillante en un mundo oscuro. Dios nos llama a ser una bendición para otros, compartiendo la gracia y el amor que hemos recibido. Al servir a los demás, experimentamos la plenitud del propósito de Dios en nuestras vidas. En todo lo que hacemos, debemos dar gloria a Dios, reconociendo que él es la fuente de nuestra transformación y nuestro impacto en el mundo. No te canses de brillar para su gloria.

CONCLUSION

CUANDO BRILLAMOS SOLO A ÉL SEA LA GLORIA

Hemos recorrido un camino juntos, explorando el profundo significado del refinamiento espiritual. Ahora, nos enfrentamos a una pregunta crucial: ¿Estamos realmente dispuestos a permitir que Dios nos refine para reflejar Su gloria? Esta no es una pregunta para tomar a la ligera, sino una invitación a la introspección sincera. El proceso de refinamiento no es un camino fácil. Implica enfrentar nuestras impurezas, nuestras debilidades y nuestros miedos más profundos. Sin embargo, como hemos visto, es un proceso necesario para revelar el "oro" que Dios ha depositado en nosotros. Recordemos las palabras de Mateo 11:29-30:

"Tomad mi yugo sobre vosotros y aprended de mí, que soy manso y humilde de corazón, y hallaréis descanso para vuestras almas. Porque mi yugo es fácil y mi carga ligera".

A través de Cristo, encontramos la fuerza y la gracia para soportar el proceso de refinamiento. Este proceso requiere paciencia, perseverancia, resistencia y dedicación. No se trata de competencia o de buscar la aprobación de los demás, sino de permitir que la luz de Dios brille a través de nosotros, y estoy segura de que tu puedes como dice Filipenses 4:13,

"Todo lo puedo en Cristo que me fortalece".

Es fundamental recordar que la gloria pertenece únicamente a Dios. No debemos apropiarnos de ella, sino reconocer que somos simplemente vasijas a través de las cuales Su luz resplandece.

Ahora, te invito a reflexionar: ¿En qué etapa del refinamiento te encuentras? ¿Qué lecciones has aprendido de las pruebas que has enfrentado? Cada experiencia, cada desafío, tiene un propósito divino. No permitas que se desperdicie.

Si aún no has comenzado el proceso de refinamiento, te animo a que te rindas a la voluntad de Dios.

La obediencia, aunque a veces difícil, es el camino hacia la transformación. Al entregarte a Su propósito, descubrirás que incluso en medio de las pruebas, puedes experimentar Su paz y Su gozo.

Permite que Dios te refine, te transforme y te haga brillar con Su gloria. El mundo necesita ver Su luz reflejada en ti.

El oro refinado es suave y maleable, está libre de corrosión y de otras sustancias. Cuando el oro está mezclado con otros metales (cobre, hierro, níquel, etc.), se vuelve duro, menos maleable y más corrosivo. Esta mezcla se llama "aleación". Cuanto mayor es el porcentaje de metales extraños, más duro es el oro. Por el contrario, cuanto menor es el porcentaje de aleación, más suave y maleable es el oro.

Que puede representar esto en nuestras vidas, que mientras más contaminados estemos con el pecado, ofensas, y heridas más duro nos ponemos, pero cuando dejamos que el Espíritu Santo nos trabaje, nos volvemos más moldeables. Un corazón puro es como el oro puro (suave, maleable, manejable). Sin embargo, un corazón impuro es como una roca dura. En otras palabras, un corazón puro se deja moldear por Dios.

Maleabilidad:

Siendo Moldeados para su Propósito

Después de ser fundido y limpiado, el oro se vuelve maleable, permitiendo que se le dé la forma deseada. A través del refinamiento, nos volvemos maleables en las manos de Dios, listos para ser moldeados para su propósito.

La maleabilidad del oro representa nuestra disposición a ser moldeados por Dios. Así como el oro se somete al artesano, nosotros nos sometemos a la voluntad de Dios, permitiéndole darnos la forma que él desea. Dios tiene un propósito único para cada uno de nosotros, y nos moldea para cumplir ese propósito. A través de las pruebas y el refinamiento, él nos prepara para ser utilizados en su obra. Ser maleable implica rendir nuestra voluntad a la voluntad de Dios, confiando en su sabiduría y su plan perfecto.

> "Porque somos hechura suya, creados en Cristo Jesús para buenas obras, las cuales Dios preparó de antemano para que anduviésemos en ellas." (Efesios 2:10)

El Proceso de Ser Moldeados

Para ser moldeados por Dios, debemos rendirnos a su autoridad y obedecer sus mandamientos. Necesitamos vivir una vida de rendición y obediencia, lo cual implica confiar en él incluso cuando no entendemos su camino.

Nuestra vida siempre será una vida de aprendizaje y crecimiento, Dios nos moldea a través de diversas experiencias, enseñándonos lecciones valiosas y ayudándonos a crecer en carácter. Debemos estar abiertos a aprender de cada situación y permitir que Dios nos transforme.

A medida que somos moldeados por Dios, nos volvemos más efectivos en su servicio, cumpliendo nuestro propósito en el mundo.

En Hebreos capitulo trece dice que los corazones se endurecen por el engaño del pecado. Si no perdonamos una ofensa, ésta produce más amargura, ira y resentimiento.

> "He aquí te he purificado, y no como a plata; te he escogido en horno de aflicción"(Isaías 48,10). "En lo cual vosotros os alegráis, aunque ahora por un poco de tiempo, si es necesario, tengáis que ser afligidos en diversas pruebas, para que sometida a prueba vuestra fe, mucho

más preciosa que el oro, el cual, aunque perecedero se prueba con fuego, sea hallada en alabanza, gloria y honra cuando sea manifestado Jesucristo. (1 Pedro 1,6, 7)

ACERCA DEL AUTOR

Nacida en la pintoresca ciudad de Aguadilla, Puerto Rico, Edna creció en un hogar de humildes raíces donde sus padres sembraron en ella los valores fundamentales que hoy la definen. Ella se ha convertido en una voz de esperanza y transformación a través de la palabra escrita. Su profunda conexión con su herencia puertorriqueña se entrelaza con su sólida unión matrimonial de 34 años con Francisco Isaac, también oriundo de la isla, junto a quien ha tenido la dicha de criar a sus cuatro amados hijos: Charaliz, Krystaliz, Angeliz y Nathiel Isaac. La pasión por la escritura ha sido una constante en la vida de Edna. Su viaje literario comenzó en la década de los 90 con la publicación de su primer libro de poemas. Tras la creación de dos obras más, su espíritu emprendedor la impulsó a fundar su propia editorial, JDN Publications. A través de esta plataforma, Edna no solo ha dado vida a sus propias historias, sino que también se ha dedicado a hacer realidad los sueños literarios de nuevos autores, extendiendo su mano incluso a aquellos con recursos limitados en otros países.

Con una trayectoria que abarca la autoría de mas de 13 obras literarias y la co-autoría de dos más, Edna ha cultivado un propósito claro en su escritura: ser un faro de ayuda para diversas poblaciones que enfrentan sufrimientos y grandes desafíos. Un ejemplo conmovedor es su libro "El silencio no funciona," que se ha convertido en un poderoso apoyo para campañas contra la violencia doméstica. Su visión innovadora la ha llevado a desarrollar una línea de libros educativos bajo el sello EDUCATE Publishing, lanzado a través de JDN Publications. De esta iniciativa nace la marca comercial "Challenging My Ego," un proyecto con un enfoque esencial en la inteligencia emocional, reconociendo su vital importancia en el desarrollo de los niños.

Con una profunda sensibilidad social, Edna, junto a un equipo de voluntarios, ha llevado miles de ejemplares de sus obras a niños menos afortunados en la India, África y los Estados Unidos. "Challenging My Ego" se ha materializado en un plan de estudios diseñado para escuelas públicas y organizaciones infantiles, ofreciendo también un programa de aprendizaje intensivo de cinco semanas para el verano o cualquier época del año. Más allá de las páginas, Edna Isaac es una viajera incansable que comparte un mensaje inspirador de fe, esperanza, motivación y superación personal en cada rincón del mundo. A través de sus talleres de Escritura Creativa, fomenta el crecimiento de una comunidad de escritores comprometidos a honrar a Dios con sus palabras. Para obtener más información sobre su trabajo o para invitarla a compartir su mensaje, puede contactar a sus oficinas o visitar su página web: www.jdnpublications.com

REFERENCIAS

isaacednaliz (Creator). (2025, April). *gold only theliquid* [AI-generated image]. Canva, Magic Media.

Sociedades Bíblicas Unidas. (1960). Santa Biblia, Versión Reina-Valera 1960. Sociedades Bíblicas Unidas.

Sociedad Bíblica Internacional. (1999). Santa Biblia, Nueva Versión Internacional. Vida.

Ciencia de los Materiales. (n.d.). Ciencia de los Materiales: EL ORO TEMA 6. Recuperado de http://cienciasdelosmaterialesindustrial.blogspot.com/p/el-cobre-metal-rojo-pardo-ductil_2378.html

Latham, A. (2018, 1 de febrero). Cómo extraer, separar y refinar el oro. Cuida tu Dinero. https://www.cuidatudinero.com/13118952/como-extraer-separar-y-refinar-el-oro

https://es.oxforddictionaries.com/definition/lixiviacion

Video Informativo: Geología del oro en el mundo, sacado Diciembre 4, 2018, de www.youtube.com,

http://cienciasdelosmaterialesindustrial.blogspot.com/p/el-cobre-metal-rojo-pardo-ductil_2378.html

http://outletminero.org/que-es-y-porque-es-importante-la-refinacion-de-oro/

www.ingramcontent.com/pod-product-compliance
Lightning Source LLC
Chambersburg PA
CBHW061803070526
44586CB00023B/2694